Helmut Pinter
Papageien und Sittiche

KENNEN & PFLEGEN

Helmut Pinter

Papageien und Sittiche

101 Farbfotos
17 Zeichnungen

E.U.
VERLAG
EUGEN
ULMER

Die Deutsche Bibliothek – CIP-Einheitsaufnahme

Papageien und Sittiche / Helmut Pinter.
[Zeichn.: Kerstin Heß]. – Stuttgart (Hohenheim) :
Ulmer, 1997
(Kennen & Pflegen)
ISBN 3-8001-7354-9

Wollgrasweg 41, 70599 Stuttgart (Hohenheim)
Einbandgestaltung: A. Krugmann, Freiberg am Neckar
Zeichnungen: Kerstin Heß
Herstellung: Gabriele Wieczorek
Lektorat: Michael Kokoscha
Satz: Steffen Hahn GmbH, Kornwestheim
Druck und Bindung: Manfrini R. Arti
Grafiche Vallagarina S. p. A.
Printed in Italy

Vorwort

Seit den Tagen der Antike nehmen Papageien und Sittiche unter den als Hausgenossen gehaltenen Vögeln eine besondere Stellung ein. Was den beobachtenden Menschen seit der Entdeckung dieser Vögel an ihnen besonders fasziniert hat, ist neben ihrer charakteristischen Gestalt mit dem typischen Krummschnabel und ihrem oft prächtig gefärbten Federkleid besonders ihre Fähigkeit, andere Laute einschließlich der menschlichen Stimme nachahmen zu können. Hinzu kommt, daß Papageien als ausgeprägt soziale Vögel nicht selten auch die Menschen ihrer näheren Umgebung in ihr eigenes Sozialverhalten mit einbeziehen und so zu wirklichen Familienmitgliedern werden.

Die Pflege von Papageien und Sittichen ist jedoch nicht ganz unproblematisch. Für eine erfolgreiche Haltung ist es unumgänglich, daß sich ihr Pfleger mit ihrem normalen Verhalten vertraut macht, daß er weiß, wie man sie richtig ernährt und wie man sie am zweckmäßigsten unterbringt. Aufgabe dieses Buches soll es sein, diese Grundkenntnisse in leichtverständlicher Form zu vermitteln. Außerdem geben die kurzgefaßten Artenbeschreibungen, bei denen jede Art auch abgebildet ist, einen Überblick über die für eine Haltung in Frage kommenden Arten.

Weiterhin werden einige Angaben über die Möglichkeit der Vermehrung von Papageien in menschlicher Obhut gemacht. Nachzuchten in Europa sind heute, also in einer Zeit, in der die natürlichen Vorkommen vieler Arten durch Zerstörung ihrer ursprünglichen Lebensräume stark gefährdet sind, wichtiger denn je.

Da alle Papageien, vom kleinen Wellensittich bis zum gut meterlangen Ara, normalerweise in lebenslanger Paarbindung leben, ist einer paarweisen Haltung unbedingt der Vorzug zu geben. Dabei hat es sich gezeigt, daß die tiergärtnerische Erfahrung, daß sich paarweise gehaltene Tiere bei richtiger Unterbringung und Ernährung häufig auch erfolgreich vermehren, auch für Papageien gilt. Erfreulicherweise werden so heute fast alle im Tierhandel angebotenen Wellensittiche, Nymphensittiche, Grassittiche, Singsittiche und Unzertrennliche in Europa nachgezüchtet; aber auch bei vielen anderen und selteneren Papageienarten steigt die Vermehrungsrate der in Europa gezüchteten Vögel seit einigen Jahren langsam, aber stetig an.

Besteht bei einem Einkauf von Papageien die Möglichkeit, zwischen importierten, also meist gefangenen Tieren, und im Lande nachgezüchteten Vögeln wählen zu können, sollte besonders derjenige, der nicht über gute Vorkenntnisse und Erfahrung verfügt, im Lande nachgezogenen Vögeln den Vorzug geben. Bei Zuchtversuchen mit bestimmten Arten, aber auch in einigen anderen Bereichen, wie etwa bei der Behandlung erkrankter Vögel, kann es notwendig sein, ergänzende Informationen einzuholen, die über den Rahmen dieses Buches hinausgehen. Zu diesem Zweck sei auf das Literaturverzeichnis am Ende des Buches verwiesen.

Enköping im Juni 1997

Helmut Pinter

Inhaltsverzeichnis

Merkmale der Papageien und Sittiche

Trotz unterschiedlicher Größe stellen Papageien und Sittiche eine einheitliche Vogelgruppe dar. Dank ihres typischen Krummschnabels und ihres mit zwei nach vorn und zwei nach hinten gerichteten Zehen ausgerüsteten Kletterfußes kann auch der Laie sie leicht von anderen Vögeln unterscheiden. Andere charakteristische Merkmale sind ihr im Vergleich zu anderen Vögeln kurzer Hals und ihr im Verhältnis zum eigenen Körper großer Kopf. Zu ihren besonderen Eigenheiten gehört, daß sie ihren Schnabel oft als zusätzliches, die Füße unterstützendes Kletterorgan benutzen. Viele der größeren Papageien benutzen oft einen ihrer Füße bei der Nahrungsaufnahme wie eine Hand.

Systematisch lassen sich die Papageien exakt von anderen Vogelgruppen abgrenzen; in der zoologischen Systematik bilden sie eine eigene Ordnung, die nach dem derzeitigen wissenschaftlichen Stand etwa 340 Arten umfaßt. Zu dieser Ordnung gehören auch die sogenannten Sittiche. Es ist jedoch zu beachten, daß der Begriff nicht einheitlich angewendet wird. Meistens werden schlankere Arten mit längeren Schwung- und Schwanzfedern und oft gutem Flugvermögen als Sittiche bezeichnet. Da sich die Tiere, abgesehen von ihrem in der Regel größerem Bedürfnis nach Flugmöglichkeiten, in ihren Pflegeansprüchen kaum von anderen Papageien unterscheiden, wurde in diesem Buch auf eine Aufteilung verzichtet.

Mit Ausnahme von Europa kommen Papageien in allen von Menschen bewohnten Kontinenten vor. Auch wenn man die meisten Arten in subtropischen und tropischen Klimabereichen antrifft, ist ihre Verbreitung nicht auf diese beschränkt. So findet man in Neuseeland und in den südlichsten Teilen Südamerikas einige Arten auch in Bereichen gemäßigten Klimas.

Schematische Darstellung der Körper- und Gefiederteile eines Papageis.

In der Natur leben Papageien hauptsächlich von pflanzlicher Kost, wie Sämereien verschiedener Art, Nüssen, Früchten, frischer Baumrinde, Knospen und auch von grünen Pflanzenteilen. Diese Ernährungsweise macht ihre Futterversorgung verhältnismäßig einfach.

Als Stubenvögel und Heimtiere erfreuen sich Papageien seit den Tagen der Antike großer Beliebtheit. Im Mittelalter waren sie nicht selten Geschenke der Großen ihrer Zeit. Der erste Kakadu kam beispielsweise als Geschenk eines Sarazenensultans an den Kaiser Friedrich II. von Hohenstaufen nach Europa. Außer ihrem auffälligen Aussehen, ihren schönen Farben und ihrem geselligen Wesen war es die Fähigkeit, andere Laute einschließlich menschlicher Worte laut- und tongerecht wiedergeben zu können, die Papageien als Heimtiere beliebt werden ließ.

Wichtig für den Erfolg jeder Papageienhaltung ist jedoch, daß das natürliche Verhalten der Tiere berücksichtigt wird. Alle Papageien sind sozial lebende Vögel, die sich in der Natur in kleineren oder größeren Gruppen zusammenschließen. Innerhalb der Gruppe leben die geschlechtsreifen Vögel monogam (paarweise), nicht selten in lebenslanger Gemeinschaft. Schon aus diesem Grunde sollte man Papageien möglichst als Paare halten. Bei Einzelhaltung muß der Pfleger bereit sein, seinem Papagei den Partner zu ersetzen, was sehr viel Zuwendung und einen großen Zeitaufwand erfordert.

Papageienarten kennen

Loris

Die Loripapageien oder Loris zeichnen sich durch ihr lebhaftes, verspielt wirkendes Wesen aus. Zu ihnen gehören die farbenprächtigsten Papageien überhaupt. Ihre Verbreitung erstreckt sich über Teile Australiens, Neuguineas, die östlichen Sundainseln bis nach Sulawesi (Celebes) und zu der Philippineninsel Mindanao. In östlicher Richtung trifft man zahlreiche Arten auf den Inseln Mikronesiens und Polynesiens an. Ihr Vorkommen in räumlich getrennten Populationen hat zur Bildung zahlreicher Unterarten geführt.

Insgesamt sind etwa 55 Lori-Arten bekannt. Die Vögel sind je nach Art zwischen 18 und 23 cm groß. Wissenschaftlich sind auch Arten bekannt, deren Angehörige lediglich 13 cm lang werden, doch wurden sie bisher kaum als Stubenvögel gehalten. Bei der größten Art, dem bis zu 42 cm lang werdenden Papualori (*Charmosyna papou*) entfällt ein großer Teil der Länge auf seine Schwanzfedern.

Loripapageien ernähren sich von Früchten, halbreifen Sämereien und vom Nektar der Blumen, den sie mit Hilfe ihrer Pinselzungen aus den Blüten lecken. Aufgrund ihrer Nahrungsansprüche stellen alle Loris hohe Ansprüche an den Pfleger.

Kakadus

Bei den Kakadus handelt es sich um mittelgroße bis große Papageien mit Längen zwischen 30 und 70 cm. Typisch für ihr Aussehen sind die verlängerten Federn auf Stirn und Scheitel in Form einer Haube. Die als Stubenvögel in Frage kommenden Arten sind häufig von heller oder weißer Färbung. Die Federn der Kopfhaube unterscheiden sich farblich häufig von denen des Körpers. Das Verbreitungszentrum bilden Australien und Neuguinea.

Nach Westen werden Kakadus bis nach Sulawesi (Celebes) und nach Norden bis zu den Philippinen angetroffen. Auch auf den Molukken, den Salomoneninseln und den Inseln des Bismarckarchipels kommen Kakadus vor. Die Vögel sind gute Kletterer und leidliche Flieger. Auf dem Boden bewegen sie sich geschickter als die meisten anderen größeren Papageien. Ihre Nahrung besteht aus Sämereien, Nüssen, Früchten und grünen Pflanzenteilen. Einige Arten fressen auch größere Insekten und deren Larven.

Als Stubenvögel sind Kakadus schon lange bekannt und wurden schon von Konrad Gesner (1516–1565) erwähnt. Als Heimtiere zeichnen sie sich häufig durch große Anhänglichkeit gegenüber ihrem Pfleger aus. Zu beachten ist, daß einzeln gehaltene Vögel ein sehr großes Kontaktbedürfnis haben. Wird ihnen nicht genug Aufmerksamkeit geschenkt, machen sie ihrer Langeweile häufig durch lautes Schreien Luft. Ihr großes Stimmvolumen kann dann störend werden. Paarweise gehaltene Kakadus verhalten sich in der Regel harmonischer. Mehrere Arten konnten schon mit gutem Erfolg in Käfig oder Voliere vermehrt werden.

Systematisch werden die Kakadus in fünf Gattungen mit insgesamt 17 Arten eingeteilt. Von mehreren Arten sind eine Anzahl von Unterarten beschrieben worden.

Wellen- und Nymphensittich

Wellen- und Nymphensittiche sind die am häufigsten gehaltenen Papageienvögel.

Drei bei Kakadus vorkommende Haubentypen, angelegt und aufgestellt. Von links nach rechts: Spitzhaube (Gelbhaubenkakadu), kleine Rundhaube (Nacktaugenkakadu), große Rundhaube (Weißaugenkakadu).

Beide Arten wurden bereits Mitte des vorigen Jahrhunderts nach Europa eingeführt und schon kurze Zeit später erfolgreich vermehrt. Die ersten Nachzuchten von Wellensittichen wurden um 1840 aus England und Belgien gemeldet. In Deutschland wurden die ersten Nymphensittiche 1858 gezüchtet. Heute in Europa gehaltene Wellensittiche können als »domestizierte Haustiere« betrachtet werden. Von beiden Arten sind Mutationsformen mit abweichender Färbung herausgezüchtet worden. Nicht selten sind die heute gezüchteten Vögel größer als ihre wildlebenden Verwandten.

In der Natur bewohnen beide Arten große Gebiete Australiens und werden häufig in trockenen Gebieten von Busch- oder Steppencharakter angetroffen. Ihre Nahrung besteht überwiegend aus den Samen der Gräser und Stauden.

Als Stubenvögel sind die Sittiche aufgrund ihrer leichten Pflege und ihrer Anspruchslosigkeit sehr beliebt. Von jung auf im nahen Kontakt mit Menschen aufgewachsen, werden sie schnell zahm und zutraulich. Manche Exemplare lernen auch, menschliche Worte nachzuahmen. Ihre Vermehrung ist einfach; als »zuverlässige« Eltern werden beide Arten mitunter auch als »Ammen« bei der Aufzucht von Jungvögeln anderer Arten verwendet.

Beide Arten hält man am besten paarweise; in Volieren können sie auch in größeren Gruppen gepflegt werden. Bei Käfighaltung sollte man diesen flugbegabten Vögeln möglichst täglich Gelegenheit zu einem Freiflug in der Wohnung geben.

In der zoologischen Systematik stellen beide Arten monotypische, also nur aus einer Art bestehende Gattungen dar.

Edelpapageien

Edelpapageien wirken oft etwas träge. Bei gedrungenem Körperbau weisen sie je nach Unterart eine Länge von 35 bis 43 cm auf. Alle Edelpapageien gehören derselben Art (*Eclectus roratus*) an, die insgesamt zehn Unterarten umfaßt. Ihre Verbreitung erstreckt sich auf den Nordosten Australiens, die Molukken, die Tanibarinseln, die Aruinseln, die Salomoninseln und den Bismarckarchipel.

Typisch für Edelpapageien ist, daß die Geschlechter eine unterschiedliche Färbung aufweisen. Während das Männchen samtartig grasgrün gefärbt ist, ist die Grundfärbung der Weibchen rötlich bis braunrot. Beim Männchen ist der Oberschnabel rötlich mit gelber Spitze, der Unterschnabel schwarz. Beim Weibchen sind beide Schnabelhälften schwarz.

Einmal gut eingewöhnte Exemplare können sehr zahm werden und schreien nur selten. Ihre Stimme ist jedoch sehr kräftig, so daß sie sich laut und durchdringend bemerkbar machen können. Ihre Vermehrung ist bei Volierenhaltung schon des öfteren gelungen.

Königssittiche

Große Sittiche, die je nach Art Längen von 32 bis 40 cm erreichen, sind die Königssittiche. Die prächtigen Gefiederfarben dieser Vögel erreichen erst im zweiten Lebensjahr ihre volle Farbintensität. In der Natur bewohnen sie gebirgige und hügelige Landschaften im östlichen Australien und westlichen Neuguinea. Der Ambonia-Königssittich ist auf den Inseln Ambonia, Ceram, Halmahera und Buru zu Hause. Die nahe verwandten Scharlachflügelsittiche kommen in mehreren Unterarten im östlichen Australien und südlichen Neuguinea vor. Der Timor-Rotflügelsittich ist auf Timor beheimatet.

Diese großen Sittiche sollten aufgrund ihres Flugbedürfnisses und ihrer Lebhaftigkeit nur in Volieren gehalten werden. Sowohl Königssittiche als auch Scharlachflügelsittiche werden heute regelmäßig in Europa nachgezüchtet.

Prachtsittiche und Plattschweifsittiche

Prachtsittiche und Plattschweifsittiche sind fluggewandte Vögel, die sich auch auf dem Boden geschickt bewegen. Sie sind nur für die Haltung in Volieren geeignet! Einige Arten sind recht klimahart und können in günstigen Lagen ganzjährig in mit einem Schutzhaus versehenen Freilandvolieren gehalten werden.

Die Heimat dieser Sittiche ist Australien, wo sie weit verbreitet in Landschaften von Busch- oder Grassteppencharakter angetroffen werden. Ihre Nahrung besteht hauptsächlich aus den Samen verschiedener Grasarten und Staudengewächse, die sie sowohl grün, reif als auch angekeimt fressen. Die Vögel können ihre Lebensgewohnheiten an den Zugang oder Mangel ihrer Hauptnahrung ausgezeichnet anpassen. So kann bei ihnen in Jahren mit schlechten Nahrungsbedingungen die Vermehrung vollständig unterbleiben, während in Zeiten reichlichen Nahrungsangebotes mehrere Bruten innerhalb kurzer Zeit erfolgen können.

Von mehreren Arten gibt es Volierenstämme, die schon seit Generationen in Europa vermehrt werden.

Singsittiche und Grassittiche

Die schlanken Sing- und Grassittiche erreichen je nach Art 19 bis 28 cm Länge. Es handelt sich um gute Flieger, die weite Gebiete Australiens bewohnen. Manche von ihnen werden in sehr trockenen Gegenden angetroffen. Andere wiederum sind Kulturfolger. Ihre Stimmen sind angenehm, und die meisten Arten sind so verträglich, daß sie in größeren Volieren auch mit kleineren Vögeln, wie etwa Prachtfinken, zusammen gehalten werden können. Als fluggewandte Vögel sollten sie bei Käfighaltung möglichst oft Gelegenheit zum Freiflug in der Wohnung bekommen. Am besten ist es jedoch, wenn man sie in einer Voliere halten kann. Einige Arten, wie der Bourkesittich und der Singsittich, brüten auch in größeren, störungsfrei aufgestellten Drahtkäfigen. Von einigen Arten gibt es auch gelbe und isabellfarbige Zuchtformen.

Laufsittiche

Zur kleinen Gattung der Laufsittiche gehören überwiegend grün gefärbte Sittiche, die über einen weiten Raum in vielen Inselpopulationen verbreitet sind. Das Vorkommensgebiet erstreckt sich von Hawaii und den Freundschaftsinseln bis zu den Antipod-Inseln. Einige der auf Hawaii und den Freundschaftsinseln vorkommenden Arten sind heute ausgestorben. Die neuseeländischen Spring- und Ziegensittiche sind als Käfig- und Volierenvögel sehr beliebt. Eingewöhnt sind sie klimahart und können in günstigen Lagen West- und Zentraleuropas ganzjährig in mit einem Schutzhaus versehenen Freilandvolieren gehalten werden.

Laufsittiche bewegen sich sehr geschickt auf dem Boden fort. Selbst auf Zweigen und im Gebüsch klettern sie kaum, sondern versuchen, wie auf dem Boden zu laufen. Als Stubenvögel sind sie anspruchslos. Ihre Zucht ist auch in größeren Drahtkäfigen möglich.

Edelsittiche

Einige der großen Edelsittiche erreichen Längen von bis zu 55 cm. Obwohl sie ihrem Aussehen nach als Sittiche gelten, werden die größeren häufig Papageien genannt. Ein Beispiel stellt der »Alexanderpapagei« dar, der erstmalig im Zusammenhang mit dem indischen Feldzug Alexanders des Großen (326–321 v. Chr.) nach Europa gelangte.

In Asien erstreckt sich die Verbreitung der Edelsittiche von China bis nach Südindien und der Malakka-Halbinsel. In Afrika kommen nur einige Unterarten des Halsbandsittichs vor. Ihre Nahrung besteht hauptsächlich aus Sämereien.

In Europa werden sieben bis neun Edelsitticharten gehalten. Für eine Haltung im Käfig sind sie weniger gut geeignet. In der Voliere gepflegte Tiere sind anspruchslos. Von einigen Arten gibt es gelbe und blaue Mutationsformen.

Fledermauspapageien

Kleine, überwiegend grün gefärbte Vögel mit einer Körperlänge von 10 bis 15 cm sind die Fledermauspapageien. Auf Scheitel, Kehle, Nacken und Bürzel haben sie häufig in der Färbung abweichende rote, blaue oder braune Farbmarkierungen. Ihren Namen verdanken sie ihrer Eigenheit, mit dem Kopf nach unten, an den Füßen hängend, zu schlafen. Ausgewachsene und gesunde Fledermauspapageien verhalten sich, sofern sie nicht gestreßt sind, ständig so. Jungvögel schlafen anfänglich häufig sitzend. In Südostasien erstreckt sich die Verbreitung dieser Papageien von den Philippinen bis zur Malaiischen Halbinsel und Sumatra und über das südliche Indien und Sri Lanka.

Fledermauspapageien sind entzückende, aber auch etwas empfindliche Pfleglinge, die am besten in einer Zimmervoliere zu halten sind. Bei Käfighaltung ist es wichtig, ihnen zum »Aufhängen« geeignete Zweige zur Verfügung zu stellen. Fehlen sie, so hängen sich die Vögel an die Gitterstäbe des Käfigdaches, was leicht zu Fußschäden führen kann. Die Zucht einiger Arten gelingt heute regelmäßig und ist auch in großen Drahtkäfigen möglich.

In der Natur steht den Fledermauspapageien ein sehr vielseitiges Nahrungsangebot zur Verfügung. An ihre Fütterung stellen sie daher größere Ansprüche als die meisten anderen Papageien.

Unzertrennliche

Der Gattungsname der Unzertrennlichen, *Agapornis*, setzt sich aus den altgriechischen Worten für Liebe und Vogel zusammen und bezieht sich auf die äußerst enge und feste Paarbindung.

Die Unzertrennlichen sind kleine, zwischen 12 und 16 cm lang werdende Papageien von überwiegend grüner Färbung. Mit Ausnahme der Weibchen des Grauköpfchens und des Bergpapageies haben alle anderen Unzertrennlichen eine vom übrigen Gefieder abweichende Kopffärbung. Ihre Verbreitung erstreckt sich über das mittlere und südliche Afrika;

eine Art ist auf der Insel Madagaskar beheimatet.

Als Stubenvogel sind die Unzertrennlichen sehr beliebt und nach Wellen- und Nymphensittichen die am häufigsten gehaltenen Papageien. Mindestens drei Arten werden heute in Europa regelmäßig nachgezüchtet. Es gibt auch einige Farbformen, die auf gelbgefärbte oder blaugefärbte Mutationen zurückgehen.

Bei Käfighaltung ist zu beachten, daß die sonst sehr geselligen Vögel zur Brutzeit sehr unverträglich sein können. Ein Paar, das mit seinem Brutgeschäft begonnen hat, kann im begrenzten Raume auch eines großen Käfigs andere Exemplare der eigenen Art oder anderer Unzertrennlicher bis zum Tode mißhandeln.

Graupapageien

Graupapageien sind mittelgroße Papageien von bis zu 33 cm Maximallänge. Die Gefiederfärbung beider Geschlechter ist hellgrau. Die Federn des Schwanzes sind leuchtendrot gefärbt. Graupapageien trifft man in großen Teilen Zentralafrikas an, sowohl in Savannen- als auch in Waldgebieten. Die Gattung der Graupapageien besteht nur aus einer Art. Eine gut unterscheidbare Unterart, der Timneh-Graupapagei (*Psittacus erithacus timneh*), unterscheidet sich von der Nominatform durch ein mehr graubraunes Gefieder und braunrote Schwanzfedern. Beim Timneh-Graupapagei sind der Oberschnabel rötlichgrau und der Unterschnabel schwarz, bei der Nominatform beide Schnabelhälften schwarz.

Graupapageien sind intelligente, aber oft äußerst sensible Vögel, was besonders bei einer Einzelhaltung berücksichtigt werden muß. Als Stubenvögel sind sie schon lange bekannt und wurden bereits von dem schweizerischen Naturforscher Konrad Gesner (1516–1565) erwähnt. Unter den Graupapageien trifft man auch die besten »Sprecher« an, die nicht nur menschliche Worte, sondern auch den Tonfall einer bestimmten Person lautrichtig genau nachahmen können.

In den letzten Jahren werden Graupapageien in steigender Anzahl auch in Europa nachgezüchtet.

Langflügelpapageien

Die Langflügelpapageien stehen systematisch den Graupapageien nahe und werden in Afrika in den gleichen Verbreitungsgebieten angetroffen wie sie. Je nach Art beträgt ihre Länge 20 bis 24 cm. Als Stuben- und Volierenvögel werden nur wenige Arten gehalten. Am besten bringt man sie paarweise in einer Voliere oder in einem geräumigen Drahtkäfig unter. Einmal eingewöhnt, werden sie schnell zahm, schließen sich ihrem Pfleger an, und manche von ihnen lernen auch, einige Worte nachzusprechen. Arten wie der Mohrenkopf und der Goldbugpapagei werden heute ziemlich regelmäßig auch in Europa nachgezüchtet.

Mönchssittiche

Die Gattung der Mönchssittiche besteht lediglich aus einer Art, die in vier gut unterscheidbare Unterarten aufgeteilt wird. Ihre Heimat sind von Baumgruppen bestandene Graslandschaften und subtropische Laubwälder vom südlichen Brasilien bis nach Uruguay und Argentinien. Da sie aus gemäßigten Klimazonen stammen, sind sie relativ winterhart und können in Zentraleuropa ganzjährig in Freilandvolieren gehalten werden. Wegen ihrer zeternden und lauten Stimme sind sie nur bedingt für eine Haltung in Wohnräumen geeignet. Als Volierenbewohner sind sie wegen ihres abweichenden Brutverhaltens interessant. Mönchssittiche bauen große aus Zweigen und Reisig bestehende meist kugelförmige

Nester. Als äußerst soziale Vögel bauen sie, wenn sie in Gruppen gehalten werden, nicht selten »kollektive Nester«, deren Kammern von unterschiedlichen Paaren bewohnt werden.

Schon seit vielen Jahrzehnten werden Mönchssittiche in Europa regelmäßig nachgezüchtet. Während der letzten Jahrzehnte sind Mutationen mit abweichender Färbung bekannt geworden.

Dickschnabelsittiche

Kleinere, 15–20 cm lange Sittiche mit auffällig dickem Schnabel. Ihre Heimat ist das westliche Südamerika vom mittleren Chile und Argentinien bis nach Kolumbien. Nur bei einer Art (*Bolborhynchus aurifrons*) können die Geschlechter eindeutig farblich unterschieden werden. Diese streßempfindlichen Vögelchen können nur dann mit Erfolg gehalten werden, wenn ihr Käfig störungsfrei aufgestellt werden kann und wenn ihre »menschliche Umgebung« aus wenigen, ruhigen Personen besteht. Dann können sie mit etwas Glück zutraulich werden und sogar mit Erfolg brüten. Alle Dickschnabelsittiche sind empfindliche Vögel, die sorgfältig eingewöhnt und richtig ernährt werden müssen. Körnerfutter für Dickschnabelsittiche sollte neben Hafer, Hirse und Kardisaat auch kleinere Sämereien wie Negersaat enthalten. Wegen ihrer Streßanfälligkeit ist einer Volierenhaltung der Vorzug zu geben. Zu beachten ist weiterhin, daß diese Vögel im Nistkasten schlafen und daß ihnen ein solcher auch schon bei der Eingewöhnung zur Verfügung stehen sollte.

Aras

Unter den Aras findet man die größten Papageien überhaupt. Einige werden etwa einen Meter lang, wobei allerdings die Hälfte der Länge auf ihre Schwanzfedern entfällt. Es gibt jedoch auch kleinere Aras. Die Verbreitung der Aras erstreckt sich über große Teile Südamerikas, von Mexiko bis in das nördliche Argentinien.

Nur wenige Vogelliebhaber haben die räumlichen Möglichkeiten, größere Aras so unterzubringen, daß sie sich wirklich wohl fühlen. Die größeren sollten möglichst freisitzend auf einem Kletterbaum oder in einer sehr geräumigen Voliere gehalten werden. In einem Drahtkäfig zerschleißen sie bald ihre schönen langen Schwanzfedern. Aras können laut und durchdringend schreien.

In geräumigen Volieren gehaltene Ara-Paare können auch in Europa brüten. Die Geschlechtsbestimmung stellt heute kein Hindernis mehr dar. Bei den kleineren Arten ist die Zucht auch schon in größeren Drahtkäfigen gelungen.

Keilschwanz-, Nanday- und Felsensittiche

Keilschwanz-, Nanday- und Felsensittiche sind etwa 20 bis 25 cm lange Vögel, deren Vorkommen auf Südamerika begrenzt ist. Ihre Verbreitung erstreckt sich über mehrere Klimazonen, und neben Arten aus Gebieten mit tropischem Klima gibt es auch Arten aus dem südlichsten Südamerika, die klimahart sind. Sie sind nur für Volierenhaltung geeignet und sollten zumindest paarweise gepflegt werden. In bezug auf ihre Ernährung haben sie einige Eigenheiten, auf die im entsprechenden Kapitel näher eingegangen wird.

Rotschwanz- und Schmalschnabelsittiche

Das natürliche Vorkommen der nur 20 bis 25 cm langen Rotschwanz- und Schmalschnabelsittiche ist auf Südamerika begrenzt, wo sie hauptsächlich in Gebieten mit tropischem Klima angetroffen werden. Die Vögel können sowohl in Volieren als auch in geräumigen Drahtkäfigen gehalten werden. Obwohl die meisten auch in Europa schon vermehrt worden sind, ist ihre Zucht nicht ganz einfach.

Ihrem Pfleger gegenüber werden die Vögel bald zutraulich. Insbesondere Schmalschnabelsittiche werden fast immer schon nach kurzer Zeit handzahm. An ihre Ernährung stellen diese Sittiche keine besonderen Ansprüche.

Sperlingspapageien

Die lediglich 12 bis 14,5 cm langen Sperlingspapageien stammen aus Mittelamerika und dem nordwestlichen Südamerika. Unter den Papageien sind sie wirkliche Zwerge. Insgesamt sind sieben Arten bekannt. Importierte Vögel sind sehr empfindlich und müssen vorsichtig eingewöhnt werden. Im Käfig gehalten, sind sie meist recht träge; erst in entsprechend großen Volieren zeigen sie ihr wirkliches, lebhaftes Wesen. In größeren Volieren können sie auch mit Prachtfinken, kleineren Webervogelarten und ähnlichen zusammen gehalten werden, jedoch nicht mit Wellensittichen oder Unzertrennlichen. Gut eingewöhnte Paare brüten auch in größeren, ruhig aufgestellten Drahtkäfigen. Wichtig für die Gesunderhaltung ist eine abwechslungsreiche Ernährung. Außer dem üblichen Körnerfutter sollten auch halbreifes Getreide, Samenstände von Gräsern, frische Zweige von Obstbäumen oder Weiden und viel Grünfutter angeboten werden.

Amazonen

Von den insgesamt 26 Arten der Amazonen, die alle in Mittel- und Südamerika vorkommen, werden einige schon lange als Heimtiere gehalten. So wird die Kuba-Amazone bereits im 16. Jahrhundert erwähnt. Europäische Nachzuchten waren bis vor kurzem ziemlich selten; erst im letzten Jahrzehnt sind Amazonen auch in Europa regelmäßig nachgezüchtet worden.

Als einzelner Heimvogel gehalten, werden die meisten Amazonen schnell zahm und zutraulich. Sie machen jedoch zwischen den einzelnen Mitgliedern einer Familie oft große Unterschiede. Am problemlosesten ist ihre Pflege in der Regel, wenn man die Vögel paarweise halten kann. Meistens vertragen sie sich auch gut mit anderen Papageien gleicher Größe.

Rotschwanzpapageien

Rotschwanzpapageien stellen eine acht Arten umfassende Gattung dar, deren Angehörige in Verhalten und Körperform an Amazonen erinnern und zumindest teilweise im gleichen geographischen Raum beheimatet sind wie diese. Importierte Tiere sind in der ersten Zeit nach ihrer Ankunft anfällig gegenüber Infektionen der Luftwege und Erkältungen. Einmal eingewöhnte Vögel sind jedoch keineswegs empfindlich, und Nachzuchten sind bei manchen Arten schon häufiger gelungen.

Weißbauchpapageien

Die Gattung der Weißbauchpapageien (*Pionites*) besteht aus zwei Arten, die im tropischen Südamerika beheimatet sind. Beide Arten sind im Verhalten sehr ähnlich und werden von manchen Autoren als Unterarten derselben Art angesehen.

Typisch für ihr Aussehen sind die reinweißen Federn ihres Bauchgefieders. Es handelt sich bei ihnen um ausgesprochen gesellige, drollige und verspielte Vögel, die grundsätzlich paarweise gehalten werden sollten. Beide Arten sind bereits in Europa nachgezüchtet worden.

Die Papageienarten

Loris

Braunlori, *Chalcopsitta duivenbodei.* Länge bis 31 cm. Stammt aus dem Tiefland des nördlichen Neuguinea. Grundfärbung dunkles Olivbraun, bei auffallendem Licht mit goldgelbem Schimmer. Stirn, Kehle, Flügelbug und Schenkel gelb. Nacken und Halsseiten mit gelben Strichelfedern. Unterrücken, Bürzel und Unterschwanzdecken dunkelblau bis violett. Schnabel und Füße schwarz. Augeniris gelbrötlich bis braun. Braunloris haben sich in letzter Zeit häufiger in Europa vermehrt. Geschlechterunterscheidung nicht immer einfach. Männchen sind meist etwas kräftiger und haben einen größeren Kopf. Gelege in der Regel zwei Eier. Brutdauer 25 bis 26 Tage. Nestlingszeit zehn bis elf Wochen.

Papualori, *Charmosyna papou stellae.* Länge 42 cm. Von der Gesamtlänge entfällt mehr als die Hälfte auf die langen Schwanzfedern. Kopf rot und mit blauem Nackenfleck. Hals, Brust und Bauch rot. Schenkel schwarz und nach hinten gelb. Flügel dunkelgrün. Schnabel rot. Augeniris orangefarben. Melanistische Exemplare, sogenannte Schwärzlinge, sind bei Papualoris häufig. Bei ihnen sind die sonst roten Federpartien schwarz; es kommen auch fast vollständig schwarze Vögel vor. Bisher in Europa selten, wird der Papualori mit gutem Erfolg zunehmend nachgezüchtet. Nach den vorliegenden Angaben sollen die Gelege aus zwei Eiern bestehen; die Brutdauer soll 25 bis 26 Tage betragen.

Pracht-Gelbmantellori, *Lorius garrulus flavopalliatus.* Länge 30 cm. Vorkommen auf den Inseln Obi und Batjan in der Molukkengruppe. Die meisten in Europa gehaltenen Gelbmantelloris gehören zu dieser Unterart. Keine Farbunterschiede zwischen Weibchen und Männchen. Grundfärbung scharlachrot. Flügel und Schenkel grün. Schwanzfedern oberseits rot, unterseits braun, mit blauen Spitzen. Zwischen den Flügelansätzen auf dem Rücken ein gelber Fleck. Augeniris gelb, Schnabel rot, Beine grau. Einer der am leichtesten zu haltenden Loris; kann jedoch wegen seines oft lauten Geschreis leicht stören. Zucht bei Volierenhaltung schon oft gelungen. Gelege besteht aus zwei Eiern. Brutdauer 25 Tage. Nestlingszeit neun Wochen.

Gebirgslori, *Trichoglossus haematodus moluccanus.* Länge 29 cm. Vorkommen: Östliches Australien und Tasmanien. Brütet als Kulturfolger häufig in Parks und Gärten. Sein deutscher Name ist insoweit irreführend, als daß er hauptsächlich im Tiefland vorkommt. Diese am häufigsten gehaltenen Loris werden regelmäßig in Europa vermehrt. Färbung intensiv. Kopf bläulich lila, Nackenband gelbgrün, Brust rot und nach den Seiten hin orangefarbig, Bauch dunkelblau mit rötlichem Schimmer. Rücken und Schwingen grün. Gelege besteht aus zwei Eiern. Brutdauer 25 Tage. Nestlingszeit acht bis neun Wochen. Federkleid der Jungvögel ist nach sieben bis acht Wochen voll ausgebildet. Augeniris beim Jungvogel dunkel, bei ausgewachsenen Exemplaren orangefarbig.

Weißbürzellori, *Pseudeos fuscata.* Länge 25 cm. Vorkommen: Neuguinea; mit Ausnahme der Gebirgsregionen weit verbreitet. Grundfarbe des Gefieders olivbraun. Über den Hals zieht sich ein gelblich-orangefarbiges Band, über die Brust ein zweites Band mit derselben Färbung, das jedoch meist etwas dunkler ist. Bauch und Schenkel sind rötlich, der untere Rücken und der Bürzel gelblichweiß. Schwingen dunkelolivfarben. Farbe des Schnabels rötlichorange, Farbe der Augeniris rotbraun. Die Männchen sind etwas kräftiger und mit größerem Kopf, sonst keine sichtbaren Geschlechtsunterschiede. Gelege besteht aus zwei Eiern, Brutdauer 24 Tage, Nestlingszeit zehn Wochen.

Rotlori, *Eos bornea.* Vorkommen auf den zur Molukkengruppe gehörenden Inseln Ambonia, Saparua, Boru und Ceram sowie auf den Watubelainseln. Länge 30 cm. Die Grundfarbe des Gefieders ist leuchtend rot. Schulterdeckfedern und untere Schwanzdeckfedern blau. Die äußersten Schwungfedern schwarz. Schnabel orangefarben bis gelb. Schnabelwachshaut und Beine grau. Augeniris braun. Sichtbare Unterschiede zwischen den Geschlechtern gering. Zuchtpaare können sicher durch Beobachtung ihres Verhaltens zusammengestellt werden. Als Nisthöhle sind Stammstücke mit natürlichen Höhlungen am besten geeignet. Gelege besteht aus zwei Eiern. Brutdauer 26 Tage, Nestlingszeit neun bis zehn Wochen.

Veilchenlori, *Psitteuteles goldiei.* Länge 19 cm. Vorkommen: Neuguinea. Stirn und Scheitel sind scharlachrot, Hals und Kopfseiten blau mit eingestreuten roten Federchen. Oberseits dunkelgrün. Die Unterseite ist hellgrün mit eingestreuten dunkleren Federn, die eine Strichelzeichnung bilden. Der Schnabel ist schwarz gefärbt, die Augeniris dunkelbraun. Der Veilchenlori ist ein kleiner Pinselzungenpapagei, der sich als verhältnismäßig pflegeleicht erwiesen hat und in den letzten Jahren schon häufiger in Europa nachgezüchtet wurde. Gelege bestehen aus zwei Eiern; Brutdauer 23 Tage, Nestlingszeit neun Wochen. Jungvögel haben eine mehr braune bis braunrote Kopfzeichnung.

Kakadus

Rosenkakadu, *Eolophus roseicapillus.* Länge bis 35 cm. Mit drei Unterarten über große Teile Australiens verbreitet. Hals, Wangen, Brust und Bauch lilarot. Flügel und Schwanzfedern oberseits blaugrau, Rücken hellgrau. Scheitel und Haube lachsrot. Schnabel hellhornfarbig. Beide Geschlechter gleich in der Färbung, doch ist die Augeniris beim Männchen dunkelbraun, beim Weibchen heller orangefarben. Da die Ausfuhr von Kakadus aus Australien nicht zulässig ist, sind fast alle angebotenen Rosenkakadus europäische Nachzuchten. Die Vermehrung dieser Vögel ist heute bei Volierenhaltung ziemlich erfolgreich. Gelege besteht aus drei bis fünf Eiern, Brutdauer 25 Tage, Nestlingszeit acht Wochen.

Goffins Kakadu, *Cacatua goffini.* Länge 29 cm. Vorkommen: Tanibarinseln zwischen Australiens Nordküste und Neuguinea. Gefieder überwiegend weiß, Federn der kleinen Rundhaube zartrötlich. Zwischen den Augen über die Stirn hinweg ein mehr oder weniger ausgeprägtes hell-orangefarbiges Band. Schwingen und Schwanzfedern unterseits gelblich. Nackter Augenring hellgraublau. Augeniris beim Männchen schwarz, beim Weibchen rotbraun. Wurde zeitweise in größerer Anzahl eingeführt. Zucht in Europa schon häufiger gelungen. Gelege besteht aus zwei bis vier Eiern, Brutdauer 29 Tage. Beide Elterntiere brüten, das Männchen meist am Tage. Nestlingszeit zehn bis elf Wochen.

Großer Gelbhaubenkakadu, *Cacatua galerita.* Länge bis 50 cm. Vorkommen: Neuguinea, nordöstliches und östliches Australien. Haube gelb. Übriges Gefieder mit Ausnahme der unterseits gelblich getönten Schwanzfedern rein weiß. Bei der Nominatform ist der nackte Augenring weiß, bei der aus Neuguinea stammenden Unterart *C. galerita triton* blau. Die Abbildung zeigt diese Unterart. Große Gelbhaubenkakadus können sehr zahm werden und sich eng an ihren Pfleger anschließen. Seitdem es 1883 zum ersten Mal gelang, diese Art in Deutschland nachzuzüchten, wurden die Vögel schon öfter vermehrt. Gelege besteht aus zwei Eiern, Brutdauer 30 Tage, Nestlingszeit zehn Wochen.

Inkakakadu, *Cacatua leadbeateri.* Länge 38 cm. Vorkommen: südliches und westliches Australien. Bewohnt häufig ausgesprochen trockene Gebiete. Die Grundfärbung des Gefieders ist ein lachsfarbig getöntes Weiß. Hals, Wangen, Brust und Bauch sind lachsfarbig rot. Schwingen oberseits weiß mit rötlicher Tönung, unterseits lachsrot. Haube rot, gelb und weiß. Ohne Zweifel der schönste aller Kakadus. Da Fang und Ausfuhr des Inkakakadus verboten sind, kommen keine importierten Vögel in den Handel, europäische Nachzuchten sind bisher selten. Gelege besteht aus zwei bis drei Eiern. Beide Geschlechter brüten. Brutdauer 28 Tage, Nestlingszeit acht Wochen.

Kleiner Gelbhaubenkakadu, *Cacatua sulphurea.* Länge 33 cm. Vorkommen: Sulawesi (Celebes) und die kleinen Sundainseln. Grundfarbe weiß. Ohrenflecken und der obere Teil der Haubenfedern gelb. Die Färbung der Geschlechter ist gleich. Männchen jedoch meist etwas größer und mit kräftigerem Schnabel. Sicherstes Geschlechtsunterscheidungsmerkmal ist die Färbung der Augeniris. Diese ist beim Männchen fast schwarz, beim Weibchen heller rotbraun. Als Einzelvogel gehalten, wird der kleine Gelbhaubenkakadu sehr zahm und anhänglich. Die Zucht ist bei Volierenhaltung schon häufig gelungen. Gelege zwei bis drei Eier, Brutdauer 28 Tage, Nestlingszeit neun Wochen.

Orangehaubenkakadu, *Cacatua sulphurea citrinocristata.* Eine Unterart des kleinen Gelbhaubenkakadus von der Insel Sumba. Oft werden Orangehaubenkakadus etwas größer als die Nominatform und unterscheiden sich von dieser durch orangefarbige Ohrenflecken und eine ebenso gefärbte Kopfhaube. Als Einzelvogel gehalten sind sie liebenswürdig und anhänglich, fordern aber von ihrem Pfleger viel Aufmerksamkeit und schreien durchdringend, wenn sie sich vernachlässigt fühlen. Am besten sind Orangehaubenkakadus paarweise zu halten. Die Zucht ist schon oft gelungen. Gelege, Brutdauer und Nestlingszeit wie beim kleinen Gelbhaubenkakadu.

Weißhaubenkakadu, *Cacatua alba.* Länge bis 46 cm. Vorkommen: Auf den Inseln Ternate, Tidore, Halmahera, Obi und Batjan in der Molukkengruppe. Das Gefieder ist reinweiß. Bei Einzelhaltung liebenswürdig, aber viel Aufmerksamkeit erfordernd. Wahrscheinlich ist der Weißhaubenkakadu der »sprachbegabteste« aller Kakadus. Häufig als Zirkus- und Varietéartist abgerichtet. Nachzuchten sind bei Volierenhaltung heute nicht mehr selten. Das einzige sichere Geschlechtsmerkmal ist die Farbe der Augeniris, die beim Männchen schwarzbraun, beim Weibchen heller rotbraun ist. Gelege besteht aus zwei bis drei Eiern, Brutdauer 28 Tage, Nestlingszeit acht bis neun Wochen.

Molukkenkakadu, *Cacatua moluccensis.* Länge bis 52 cm. Vorkommen auf den südlichen Molukkeninseln Ceram, Saparua und Haruko. Grundfärbung des Gefieders weiß mit einem lachsroten Schimmer. Die lachsrote Federhaube wird meist angelegt am Kopf getragen und nur beim Imponieren aufgerichtet. Importierte Vögel anfänglich scheu; können fürchterlich schreien, wenn sie erschreckt werden. Bei viel Zuwendung jedoch schnell zahm. Bei Volierenhaltung ist ihre Zucht möglich. Unterscheidung der Geschlechter ist an der Farbe der Augeniris möglich, wie beim Weißhaubenkakadu angegeben. Gelege besteht aus drei Eiern, Brutdauer 28 Tage, Nestlingszeit acht bis neun Wochen.

Wellensittich und Nymphensittich

Nymphensittich, *Nymphycus hollandicus.* Länge bis 32 cm. Vorkommen: Weit verbreitet in großen Teilen Australiens. Kopf mit lang ausgezogener Federhaube. Beim Männchen sind die Kopfseiten zitronengelb, die Ohrenflecken hellrot. Beim Weibchen nur an der Kehle gelbe Federn; der Ohrenfleck ist von braunroter Färbung. Nistkasten in Querlage anbringen, so daß der brütende Vogel die Umgebung beobachten kann. Das Weibchen brütet während der Nacht, das Männchen längere Zeitspannen am Tage. Gelege besteht aus drei bis sieben Eiern, Brutdauer 21 Tage. Außer naturfarbigen Vögeln gibt es zahlreiche Zuchtformen, wie etwa gelbgescheckte und weiße.

Wellensittich, *Melopsittacus undulatus.* Länge 15–16 cm. Vögel aus europäischen Nachzuchten meist größer, 20–22 cm. Abgesehen von einigen Küstengebieten kommen Wellensittiche in fast allen Teilen Australiens vor. Färbung beim Wildvogel grasgrün, Scheitel, Stirn und vordere Wangenhälfte gelbgrün, mit feinen schwarzen Querstrichen auf jeder Feder. Unter der Wange ein blauvioletter Fleck. An der Kehlseite beiderseits drei blauschwarze Flecke. Heute gibt es bei Wellensittichen viele andere Farben und Farbmuster. Färbung der Wachshaut am Oberschnabel beim Männchen blau, beim Weibchen grau. Gelege besteht aus vier bis sechs Eiern, Brutdauer 18 Tage, Nestlingszeit 32–35 Tage.

Edelpapageien

Neuguinea-Edelpapagei, *Eclectus roratus pectoralis.* Länge bis 40 cm. Vorkommen: Neuguinea. Andere Unterarten des Edelpapageis kommen auf den kleinen Sundainseln, auf den Molukken, den Salomoninseln und im Nordosten Australiens vor. Die Unterscheidung der einzelnen Unterarten kann schwierig sein. Die heute in Europa gehaltenen und gezüchteten Edelpapageien gehören zum größten Teil der genannten Unterart an. Typisch für Edelpapageien ist die unterschiedliche Färbung der Geschlechter. Die Männchen haben eine grasgrüne, die Weibchen eine rote bis braunrote Grundfärbung. Gelege besteht aus zwei Eiern, Brutdauer 29 Tage, Nestlingszeit 11–13 Wochen.

Königssittiche

Königssittich, *Alisterus scapularis.* Länge 40 cm. Vorkommen: östliches und südöstliches Australien. Beim Männchen sind Kopf, Hals, Brust und Bauch rot, Flügeldecken und Rücken grün. Beim Weibchen ist das Kopfgefieder grünlich mit einem rötlichen Schimmer zur Brust hin. Bauch rot. Unterrücken und Bürzel blau. Flügeldecken grün. Schnabel beim Männchen orangefarben, beim Weibchen schwarzbraun. Königssittiche werden heute regelmäßig in Europa nachgezüchtet. Für Zuchtversuche sind eine Voliere entsprechender Größe und ein großer Nistkasten erforderlich. Gelege besteht aus zwei bis vier Eiern, Brutdauer 22 Tage, Nestlingszeit sechs Wochen.

Rotflügelsittich, *Aprosmictus erythropterus.* Länge 32 cm. Vorkommen: zentrales und nordöstliches Australien. Der Kopf ist beim Männchen leuchtend grün, der Oberrücken schwarz; die Schwingen sind im vorderen Teil rot, die langen Schwung- und Schwanzfedern grün. Das Weibchen ist matter grün gefärbt mit blauem Unterrücken und Bürzel. Der Schnabel ist bei beiden Geschlechtern orangefarben bis rot. Augeniris rotbraun bis rot. Rotflügelsittiche werden regelmäßig als Volierenvögel in Europa nachgezüchtet. Sie bevorzugen tiefe Nistkästen. Das Weibchen brütet alleine. Anzahl der Eier zwei bis vier, Brutdauer 22 Tage, Nestlingszeit sechs Wochen.

Prachtsittiche und Plattschweifsittiche

Schildsittich, *Polytelis swainsonii.* Länge 40 cm. Vorkommen: Südöstliches Australien, wo diese Art häufig ein Kulturfolger ist und in Parks und Gärten brütet. Die Färbung des Gefieders ist beim Männchen glänzend grün. Stirn und Scheitel gelb, Kehle gelb mit einem rötlichen Band zur Brust hin. Das Weibchen ist matter grün und trägt keine gelbe Kopfzeichnung. Schnabel rötlichgelb bis rot. Augeniris orangefarben. Nur für Haltung in Volieren geeignet. Regelmäßig in Europa nachgezüchtet. Gelege umfaßt in der Regel vier bis sechs Eier. Brutdauer 20 Tage; Nestlingszeit kann abhängig von der Anzahl der Jungvögel zwischen sechs und sieben Wochen betragen.

Bergsittich, *Polytelis anthopeplus.* Länge 40 cm. Kommt heute in der Natur in zwei räumlich getrennten Vorkommen im Südwesten und Südosten Australiens vor. Während die östliche Population in fast unbesiedelten Busch- und Grassteppen und in Höhen von bis zu 3000 m angetroffen wird, sind die Bergsittiche der westlichen Population weitgehend Kulturfolger. Bergsittiche leben von den Samen verschiedener Gräser und fressen in bebauten Gebieten auch Weizen. Sie nehmen auch Insekten und ihre Larven an. Nur für Haltung in Volieren geeignet, wo sie sich in der Regel gut vermehren. Anzahl der Eier drei bis sechs, Brutzeit 19 Tage, Nestlingszeit sechs bis sieben Wochen.

Blaukappensittich, *Polytelis alexandrae.* Länge 45 cm. Vorkommen: Halbwüsten und Steppen im westlichen Australien. Ausgezeichnete Flieger, die auf Nahrungssuche weit umherstreifen. Gefieder mit Ausnahme von Kopf, Kehle und Flügeldecken grün. Scheitel blau. Kehle rötlich. Schwingen im unteren Teil gelb. Weibchen matter gefärbt. Bei Blaukappensittichen kommen große Unterschiede in der Färbung vor. Beim Männchen mittlere Schwanzfedern verlängert und Schnabel intensiver rot als beim Weibchen. Nur für Haltung in geräumiger Voliere geeignet. Gelege vier bis sechs Eier, Brutdauer 21 Tage, Nestlingszeit fünf bis sechs Wochen. Vögel aus europäischen Zuchtstämmen häufig kleiner (35 cm) als wildlebende.

Pennantsittich, *Platycercus elegans.* Länge 33 cm. Vorkommen: Küstengebiete des östlichen und südöstlichen Australiens. Beide Geschlechter gleich in der Färbung. Beim Weibchen ist der Kopf kleiner und der Schnabel schmaler als beim Männchen. Kopf und Körper sind rot gefärbt. Kehle, vorderer Teil der Flügeldecken und Unterseite der Schwanzfedern blau. Farbintensität und Farbnuancen können innerhalb der Art recht unterschiedlich sein. Dunklere Exemplare (Teilmelanismus) sind nicht selten. Pennantsittiche werden häufig gepflegt und regelmäßig in Europa vermehrt. Gelege umfaßt vier bis acht Eier, Brutdauer 21 Tage, Nestlingszeit fünf Wochen.

Blaßkopfrosella, *Platycercus adscitus.* Länge 30 cm. Vorkommen: nordöstliches Australien. Beide Geschlechter gleich in der Färbung. Der Kopf des Weibchens ist kleiner und sein Schnabel schmaler als beim Männchen. Kopf weißgelb mit reinweißen Wangen. Federn des Oberrückens schwarz mit gelben Säumen. Flügeldecken schwarz mit blauer vorderer Kante. Bauch gelbweiß mit rötlichem oder bläulichem Schimmer. Große Unterschiede in der Färbung kommen bei dieser Art vor. Die Jungvögel sind blasser und färben sich erst im zweiten Lebensjahr aus. Gelege umfaßt drei Eier, Brutdauer 21 Tage, Nestlingszeit fünf Wochen.

Prachtrosella, *Platycercus eximius.* Länge 31 cm. Vorkommen: südliches Australien und Tasmanien. Beide Geschlechter sind von gleicher Färbung, doch haben Weibchen und Jungvögel unter den Flügeldecken weiße Flecken, die den Männchen fehlen. Der Kopf ist rot, mit reinweißen Wangenflecken. Kehle und Hals ebenfalls rot. Brust gelb, zum Bauch hin in grün übergehend, Flügeldecken schwarz-gelb fleckig. Auf dem Flügelbug befindet sich ein dunkler Fleck, der nach außen von blauen Federn begrenzt ist. Wohl die am häufigsten gepflegte und vermehrte Art der Gattung. Gelege umfaßt vier bis sechs Eier, Brutdauer 21 Tage, Nestlingszeit fünf Wochen.

Gelbbauchsittich, *Platycercus caledonicus.* Länge 36 cm. Vorkommen: Tasmanien. Größte Art der Gattung *Platycercus.* Stirn rot, Kehle blau, Scheitel, Hals und Brust gelblichgrün. Rücken braun mit grün gesäumten Federn. Flügeldecken außen blau. Schwanzfedern dunkelgrün mit blauen Säumen. Kann in Färbung und Farbintensität sehr variabel sein. Weibchen etwas kleiner; seine Kehle ist nicht so intensiv blau, sondern hat eine mehr orangefarbige Tönung. Klimahart, kann in günstigen Lagen ganzjährig in mit Schutzhaus versehener Freilandvoliere gehalten werden. Erst im zweiten Lebensjahr fortpflanzungsfähig. Gelege umfaßt fünf bis sechs Eier, Brutdauer 21 Tage, Nestlingszeit fünf Wochen.

Schwarzkopfsittich, *Platycercus venustus.* Länge 28 cm. Vorkommen: nördliches Australien. Geschlechter gleich gefärbt. Stirn und oberer Kopf schwarz. Wangen weiß, unter den Wangen um die Kehle ein blauer Streifen. Federn an Nacken und Rücken schwarz mit breiten gelben Säumen, an Brust und Bauch gelb mit schwarzen Säumen. Schwingen und Oberseite der Schwanzfedern blau. Schnabel hell hornfarben. Temperaturempfindlicher als die meisten anderen *Platycercus*-Arten. Zucht in Freilandvolieren oft dadurch erschwert, daß nicht vollständig eingewöhnte Paare während unseres Winters brüten. Gelege fünf bis sieben Eiern, Brutdauer 19–21 Tage, Nestlingszeit vier bis fünf Wochen. Wird auch als Brownsittich bezeichnet.

Barnardsittich, *Barnardius barnardi.* Länge 33 cm. Vorkommen: östliches Australien, wo die Vögel besonders in Eukalyptuswäldern vorkommen. Kopf des Männchens dunkelgrün. Stirn rot. Über den hinteren Teil des Halses zieht sich ein gelbes Band. Schultern und oberer Teil der Flügeldecken blau. Oberschnabel hell hornfarben, Unterschnabel dunkler. Weibchen sind matter in der Färbung und meist etwas kleiner als die Männchen. Nur für die Haltung in geräumigen Volieren geeignet. Schon seit mehr als 100 Jahren regelmäßig in Europa vermehrt. Gelege vier bis fünf Eier, Brutdauer 23 Tage, Nestlingszeit fünf Wochen.

Ringsittich, *Barnardius zonarius zonarius.* Länge 38 cm. Vorkommen: im zentralen und westlichen Australien in Landschaften von unterschiedlichem Charakter. Kommt sowohl in Halbwüsten als auch in Steppen vor und wird auch in Savannengebieten angetroffen. Stellenweise Kulturfolger. Kopf schwarzbraun, zum Unterschnabel in Blau übergehend. Nackenband leuchtend gelb. Brust grün, zum Bauch hin heller und in Gelbgrün übergehend. Gefieder im übrigen mit Ausnahme der schwarzbraunen Schwungfederspitzen grün. Keine sichtbaren Geschlechtsunterschiede. Paare nur am Verhalten zu erkennen. Gelege besteht aus vier bis sieben Eiern. Brutzeit und Nestlingszeit wie beim Barnardsittich.

Kragensittich, *Barnardius zonarius semitorquatus.* Länge 42 cm. Vorkommen: südwestliches Australien. Kopf des Männchens blauschwarz mit roter Stirn und gelbem Nackenband. Rücken grün, Brust und Bauch dunkelgrün, nach den Seiten hin heller werdend. Schwingen und Schwanz grün, Schwanzfedern mit bläulichweißen Spitzen. Der Kopf des Männchens ist größer und sein Schnabel deutlich kräftiger als der des Weibchens. Diese Unterart war lange Zeit eine Seltenheit, wird aber in neuerer Zeit häufiger nachgezüchtet. Die Vögel sind nur für Haltung in größeren Volieren geeignet. Anzahl der Eier, Brutdauer und Nestlingszeit wie beim Barnardsittich.

Cloncurrysittich, *Barnardius barnardi macgillivrayi.* Länge 33 cm. Vorkommen: Isoliert von anderen Unterarten von *B. barnardi* wird der Cloncurrysittich im östlichen Queensland und dem östlichen Teil des Nordterritoriums von Australien angetroffen. Kopf, Brust und Nacken grün. Bauch gelb. Über den Nacken zieht sich ein leuchtendgelbes Band. Wangen von der Unterschnabelbasis bis zum Ohrenfleck bläulich schimmernd. Dieser erst um 1900 entdeckte Sittich war bis in die 60er Jahre in Europa fast unbekannt. In den letzten Jahrzehnten wurde er so erfolgreich vermehrt, daß er sicher noch weite Verbreitung als Volierenvogel finden wird.

Rotkappensittich, *Purpureicephalus spurius.* Länge 36 cm. Vorkommen: südwestliches Australien. Beim Männchen Stirn und Oberkopf karminrot. Kehle und Wangen bis in Augenhöhe gelb. Brust und Bauch violett bis blau. Flügeldecken grün. Beim Weibchen Stirn und Oberkopf braun oder braungrün. Wangen und Kehle blaßgelb. Rotkappensittiche fressen außer Sämereien auch Insekten und ihre Larven. Ihr kräftiger Schnabel dient wahrscheinlich dem Öffnen der Samen gewisser Eukalyptusarten. Nur für Volierenhaltung geeignet. Während der letzten Jahre häufiger mit Erfolg nachgezüchtet. Weibchen brütet alleine. Gelege vier bis fünf Eier. Brutzeit 19 Tage. Nestlingszeit fünf Wochen.

Singsittiche und Grassittiche

Hoodedsittich, *Psephotus chrysopterygius dissimilis.* Länge 26 cm. Vorkommen: Arnhem-Land im Nordterritorium Australiens. Brütet in der Natur häufig in Termitenbauten. Frißt außer Sämereien aller Art auch verschiedene Insekten wie etwa Fliegenlarven. Vorderkopf und Scheitel schwarz. Vorderseite des Halses, Brust und obere Bauchhälfte blau. Flügelbug und vorderer Teil der Flügeldecken gelb. Weibchen matter in der Färbung. Die Zucht galt lange als schwierig. Heute haben sich die Nachzuchten in ihren Brutzeiten an unsere Jahreszeiten angepaßt, was ihre Vermehrung erleichtert. Gelege drei bis sechs Eier. Brutdauer 25 Tage. Nestlingszeit fünf bis sechs Wochen.

Rotsteiß-Sittich, *Psephotus haematogaster haematorrhous.* Länge 28 cm. Vorkommen: südöstliches Australien. Stirn, Scheitel und Kehle sind bläulichgrau gefärbt. Ohrenflecken heller grau. Rückengefieder grünlichgrau. Die Flügeldecken sind bräunlichrot. Schwungfedern schwarz und mit heller Außenfahne. Schwanzfedern olivgrün mit blauen äußeren Fahnen. Bauch und Unterschwanzdecken rot gefärbt. Das Männchen ist in der Regel kräftiger, mit größerem Kopf und Schnabel. Haltung am besten in der Voliere. Wurde während der letzten Jahre häufiger in Europa nachgezüchtet. Gelege drei bis sechs Eier, Brutdauer 25 Tage, Nestlingszeit fünf bis sechs Wochen.

Singsittich, *Psephotus haematonotus.* Länge 27 cm. Vorkommen: südöstliches Australien. Voll ausgefärbte Männchen mit grünem Kopf, dunkelgrünem Rücken und rotem Bürzel. Brust grün, zum Bauch hin in gelb übergehend. Flügeldecken blaugrün, Schwanzfedern oberseits graubraun, unterseits heller. Die Färbung des Weibchens ist überwiegend graubraun. Am Flügelbug einige blaue Federn. Beide Geschlechter geben einen melodischen Lockton von sich. In großen Volieren können Singsittiche in der Regel auch mit kleineren Vögeln zusammen gehalten werden. Gegenüber anderen Sittichen sind sie unverträglich. Gelege drei bis sieben Eier, Brutdauer 20 Tage, Nestlingszeit fünf Wochen.

Vielfarbensittich, *Psephotus varius.* Länge 27 cm. Vorkommen: südliche Teile des inneren Australiens. Lebt hauptsächlich in trockenen Buschsteppen mit spärlichem Baumbestand. Männchen mit gelber Stirn, grünem Kopf, Hals und Brust. Bauch rötlich. Auf den Flügeldecken gelbe, blaue und grüne Flecke. Weibchen matter in der Färbung, überwiegend bräunlichgrün. Vielfarbensittiche sind in ihrer Färbung äußerst variabel; es kommen große Farbunterschiede innerhalb der Art vor. Stimme leise und angenehm. Galten früher als sehr empfindlich, was für die heutigen europäischen Volierenstämme nur noch bedingt gilt. Gelege vier bis sechs Eier. Brutdauer 20 Tage, Nestlingszeit fünf Wochen.

Schmucksittich, *Neophema elegans.* Länge 23 cm. Vorkommen: weit verbreitet im südlichen Australien. Lebt hauptsächlich von den Samen verschiedener Gräser und Kulturpflanzen, wie etwa von Kleesamen. Hält sich bei der Nahrungssuche viel am Boden auf. Körperform grazil und schlank. Grundfärbung des Männchens olivfarben mit goldenem Schimmer. Bauch gelb. Kopf mit blauem Stirnband. Unterflügeldecken blau. Schwanzfedern oberseits blau, unterseits gelb. Das Weibchen ist matter in der Färbung. Gelege drei bis sechs Eier, Brutdauer 20 Tage, Nestlingszeit fünf Wochen. Jungvögel färben sich im Zusammenhang mit der Mauser im Alter von vier bis fünf Monaten um.

Bourkesittich, *Neophema bourkii.* Länge 19 cm, Vögel aus europäischen Volierenzuchten größer, 22–23 cm. Vorkommen: im Inneren von Zentral- und Südaustralien. Hat im Gegensatz zu anderen Grassittichen keine grünen Federn in seinem Gefieder. Grundfärbung rötlichbraun, unterseits mit rötlichviolettem Schimmer. Beim Männchen ist die Stirn blau. Das Weibchen hat im Gefieder des Vorderkopfes eingestreute weiße Federchen. Kleineren Vögeln gegenüber sind Bourkesittiche friedlich und gegenüber Menschen zutraulich. Sie brüten in der Regel zuverlässig und werden daher auch häufig bei einer Ammenaufzucht eingesetzt. Gelege vier bis fünf Eier, Brutdauer 18 Tage, Nestlingszeit vier bis fünf Wochen.

Glanzsittich, *Neophema splendida.* Länge 19 cm. Vorkommen: im Inneren Südaustraliens, in trockenem, mit Dornbüschen bewachsenem Gelände, wo oft der Tau die einzige Wasserquelle für die Sittiche ist. Das Männchen des Glanzsittichs zeigt eine der schönsten Zeichnungen unter den Sittichen. Oberseits grün. Stirn, Scheitel, Wangen und Kehle sind blau, die obere Brusthälfte scharlachrot gefärbt. Bauch und Unterseite der Schwanzfedern gelb und oberseits dunkelgrün. Beim Weibchen ist der Bauch gelb und die Blaufärbung an Kopf, Kehle und Flügeldecken nur angedeutet. Das Gelege umfaßt vier bis sechs Eier, Brutdauer 19 Tage, Nestlingszeit vier Wochen.

Schönsittich, *Neophema pulchella.* Länge 20 cm. Vorkommen: südöstliches Australien, vorzugsweise in mit Bäumen bewachsenem Grasland und in lichten Wäldern. Beim Männchen sind der Kopf und der vordere Teil der Flügeldecken blau. Etwa auf der Mitte der Flügeldecke befindet sich ein von den kleinen Flügeldeckfedern gebildetes dunkelrotes Band. Im übrigen überwiegend grün. Das Weibchen ist matter in der Färbung und trägt kein rotes Flügelband. Der Schönsittich war zeitweise in seiner Heimat in seiner Existenz bedroht. In Europa ist er dank zahlreicher Volierennachzuchten einer der am häufigsten gehaltenen Sittiche. Gelege vier bis sechs Eier, Brutdauer 20 Tage, Nestlingszeit fünf Wochen.

Laufsittiche

Springsittich, *Cyanoramphus auriceps.* Länge 23 cm. Vorkommen: Neuseeland. Gefieder überwiegend grün. Stirn rot, Scheitel gelb bis orangefarben. Schnabel blaugrau, Oberschnabel mit dunklerer Spitze. Färbung bei beiden Geschlechtern gleich. Das Männchen hat in der Regel einen größeren Kopf und stärkeren Schnabel. Augeniris beim Männchen orangefarben, beim Weibchen mehr bräunlich. Springsittiche werden schnell zahm. Im natürlichen Lebensraum zeitweise in seiner Existenz bedroht. In Europa regelmäßig mit sehr gutem Erfolg in Volieren nachgezüchtet. Gelege vier bis acht Eier, Brutdauer 19 Tage. Die Nestlingszeit kann, abhängig von der Anzahl der Jungvögel, 25–35 Tage betragen.

Ziegensittich, *Cyanoramphus novaezelandiae.* Länge 27 cm. Vorkommen: Neuseeland. Gefieder grasgrün. Stirn bis zu Augen, Scheitel und Zügel rot. Handschwingen blau, Schwanzfedern grün, Schnabel blaugrau, Augeniris orangefarben. Weibchen kleiner und mit brauner Augeniris. War zeitweise in seinen natürlichen Vorkommensgebieten stark gefährdet. Wurde in den fünfziger Jahren in Neuseeland in Volieren gezüchtet; die Nachzucht wurde in sicheren Gebieten ausgesetzt. Heute gelten die wildlebenden Bestände als gesichert. In Europa gibt es zahlreiche, über Generationen hinweg vermehrte Volierenstämme. Gelege, Brutdauer und Nestlingszeit wie beim Springsittich.

Edelsittiche

Großer Alexandersittich, *Psittacula eupatria.* Länge 58 cm. Vorkommen: vom östlichen Afghanistan über die indische Halbinsel, Burma und Thailand bis Vietnam. Grundfärbung grün. Ein vom Unterschnabel ausgehendes Band vereinigt sich seitlich am Hals mit einem roten Band, das vom Nacken ausgeht. Nur Exemplare, die von jung auf an Menschen gewöhnt sind, eignen sich als Heimtiere und können auch sprachbegabt sein. Sonst nur für Haltung in sehr solide gebauter Voliere geeignet. Zucht in der Voliere möglich, doch werden aufgrund geringer Nachfrage nur wenige Große Alexandersittiche in Europa nachgezüchtet. Sowohl gelbe als auch blaue Mutationen sind bekannt.

Kleiner Alexandersittich, *Psittacula krameri.* Länge bis 40 cm. Vorkommen: Asien, Indien und Sri Lanka. In Afrika vom Sudan bis nach Westafrika. Mehrere Unterarten. Als Volierenvögel werden in Europa sowohl die indische Unterart *P. k. manillensis* als auch die afrikanische Unterart *P. k. krameri* gehalten und gezüchtet. Gefiederfärbung überwiegend grün. Beim Männchen zieht sich ein schwarzes Band vom Unterschnabel entlang der Halsseiten zum Nacken. Bei *P. k. krameri* ist der Nacken leicht grau getönt. Bei den Weibchen fehlt das Halsband. Mehrere Mutationsformen kommen vor. Nur für Haltung in Volieren geeignet. Gelege drei bis vier Eier. Brutdauer 23 Tage, Nestlingszeit sechs Wochen.

Pflaumenkopfsittich, *Psittacula cyanocephala.* Länge 38 cm. Vorkommen: Indien, Sri Lanka, Nepal und Bangladesch. Das Männchen hat einen pflaumenfarbenen Kopf, der nach unten von einem schwarzen Halsband begrenzt wird. Gefieder im übrigen überwiegend grün. Auf den Schwingen in Schulterhöhe ein roter Fleck. Das Weibchen hat einen blaugrauen Kopf und ein gelbes Halsband. Der Schulterfleck fehlt. Wohl der am häufigsten gehaltene Halsbandsittich. Wird am besten paarweise in einer Voliere gepflegt. Brütet auch in großen Drahtkäfigen, wenn sie störungsfrei aufgestellt werden. Gelege drei bis sechs Eier, Brutdauer 27 Tage, Nestlingszeit sieben Wochen. Weibchen brütet allein.

Chinasittich, *Psittacula derbiana.* Länge bis 50 cm. Vorkommen: Südwestliches China, südöstliches Tibet. Färbung der Oberseite und der Schenkel grün. Brust und Bauch grau. Kehle und Stirnband schwarz. Beim Männchen ist der Oberschnabel leuchtend rot, beim Weibchen sind beide Schnabelhälften schwarz gefärbt. Ähnelt in seinem Verhalten dem großen Alexandersittich und kann genau wie er nur in einer sehr solide gebauten Voliere gehalten werden. Klimahart; die Sittiche können in günstigen Lagen auch im Winter in einer Freilandvoliere mit Schutzhaus gehalten werden. Gelege besteht aus zwei Eiern, Brutdauer 26 Tage, Nestlingszeit sechs bis sieben Wochen.

Rosenbrustsittich, *Psittacula alexandri fasciata.* Länge maximal 38 cm. Vorkommen: Nördliches Indien und Nepal bis Vietnam. Kopf grau. Kehle und ein schmales Stirnband schwarz. Brust und oberer Teil des Bauches rosenrot. Gefieder im übrigen grün. Bei vollständig ausgefärbten Exemplaren ist beim Männchen der Oberschnabel rot, der Unterschnabel schwarz. Beim Weibchen sind beide Schnabelhälften schwarz. Da die Art aus einer Anzahl von Unterarten besteht, die gelegentlich miteinander gekreuzt worden sind, kommen große Farbunterschiede vor. Rosenbrustsittiche werden am besten in Volieren gehalten, wo sie willig brüten. Gelege besteht aus drei bis vier Eiern, Brutdauer 28 Tage, Nestlingszeit sieben Wochen.

Fledermauspapageien

Blaukrönchen, *Loriculus galgulus.* Länge 12 cm. Vorkommen: Südliche malaiische Halbinsel, Sumatra und Borneo. Der am häufigsten gehaltene Fledermauspapagei. Ausgefärbte Männchen sind leuchtend grün und haben oben auf dem Kopf einen intensivblauen Fleck. Über den Nacken streckt sich ein braunrotes, breites Band. Kehle, Bürzel und Oberschwanzdecken rot. Das Weibchen ist in der Regel etwas matter in der Färbung; der blaue Fleck auf dem Kopf kann fehlen oder lediglich angedeutet sein. Gut gehaltene und richtig gefütterte Blaukrönchen brüten willig in der Zimmervoliere. Gelege besteht aus zwei bis vier Eiern, Brutdauer 21 bis 24 Tage, Nestlingszeit vier bis fünf Wochen.

Unzertrennliche

Schwarzköpfchen, *Agapornis personata personata.* Länge 15 cm. Vorkommen: nordöstliches Tansania. Geschlechter gleich gefärbt. Scheitel, Stirn, Kopfseiten und Kehle schwarz. Augenring weiß. Brust, oberer Teil des Bauches und Nacken gelb. Oberschwanzdecken und Bürzel graublau. Flügeldecken dunkelgrün, Bauch heller grün. Schnabel rot. Zucht auch in größerem Drahtkäfig möglich. In der Voliere können mehrere Paare zusammen gehalten werden. Eine blaue Mutationsform und rein durchgezüchtete Stämme gelber (Lutinos) und weißer (Albinos) Vögel bekannt. Gelege fünf bis sieben Eier, Brutdauer 21 Tage, Nestlingszeit fünf Wochen.

Rußköpfchen, *Agapornis personata nigrigenis.* Länge 14 cm. Vorkommen: südwestliches Sambia. Dem Schwarzköpfchen ähnlich, aber kleiner, zierlicher und mit mehr schwarzgrauer Kopffärbung. Sicherste farbliche Unterscheidungsmerkmale gegenüber Schwarzköpfchen sind die rötlich-orange getönten Federn am oberen Teil der Brust und die grünen Oberschwanzdecken. Da Rußköpfchen häufig mit Schwarzköpfchen gekreuzt wurden, gibt es heute in Europa nur wenige »reine« Rußköpfchen. Bei den sogenannten blauen und gelben Rußköpfchen sind diese Mutationsfarben durch Verpaarung mit blauen oder gelben Schwarzköpfchen eingekreuzt worden. Brutdaten wie beim Schwarzköpfchen angegeben.

Erdbeerköpfchen, *Agapornis personata lilianae.* Länge bis 13 cm. Vorkommen: südliches Tansania, Malawi, östliches Sambia und nördliches Mosambique. Kopf orangerot mit nackten weißen Augenringen und rotem Schnabel. Sieht den Orangeköpfchen ähnlich, ist aber kleiner und zierlicher; die Oberschwanzdecken sind grün. In der Natur kommt das Erdbeerköpfchen häufig in der Nähe von Wasserläufen vor, wo es nicht selten in verlassenen Nestern größerer Webervögel brütet. Erdbeerköpfchen sind temperaturempfindlich und weniger für Haltung in Freilandvolieren geeignet als andere *Agapornis*-Arten. Gelege aus drei bis fünf Eier, Brutdauer 22 Tage, Nestlingszeit fünf bis sechs Wochen.

Pfirsichköpfchen, *Agapornis personata fischeri.* Länge 15 cm. Vorkommen: Ostafrika, von Tansania bis Malawi und Mosambique. Männchen und Weibchen gleich gefärbt. Der Kopf ist orangefarben, an der Stirn mehr rötlich. Schnabel rot, Augenring weiß. Die orangefarbige Kopffärbung geht zum Hals und Nacken hin in Gelb über. Bürzel und Oberschwanzdecken sind blau, Bauch, Rücken und Schwingen grün. Die inneren Fahnen der Schwingfedern sind schwarz. Zucht in Voliere oder größerem Drahtkäfig nicht schwer. Das Gelege umfaßt vier bis sieben Eier; Brutdauer 21 Tage, Nestlingszeit fünf Wochen. Auch von dieser Art gibt es blaue und gelbe Zuchtstämme.

Bergpapagei, *Agapornis taranta.* Länge 16 cm. Vorkommen: Äthiopisches Bergland, in Höhen bis 1600 m. Grundfärbung überwiegend grün. Handschwingen und äußere Armschwingen schwarz. Schnabel korallenrot. Beim Männchen ist die Stirn rot, beim Weibchen fehlt diese Farbmarkierung. Eingewöhnt ist der Bergpapagei anspruchslos und verhältnismäßig klimahart. Kann in günstigen Lagen ganzjährig in Freilandvoliere mit Schutzhaus gehalten werden. In genügend großen Volieren tolerieren Bergpapageien meist auch kleinere Sittiche, aber keine anderen Unzertrennlichen. Gelege besteht aus drei bis sechs Eiern, Brutdauer 24 Tage, Nestlingszeit sechs bis acht Wochen.

Rosenköpfchen, *Agapornis roseicollis.* Länge 16 cm. Vorkommen: südliches Angola und Namibia. Beide Geschlechter sind gleichgefärbt; die Geschlechtsunterscheidung kann schwierig sein. Grundfärbung hellgrün, zum Bauch hin in Gelb übergehend. Schwungfedern schwarz mit grünem Saum. Der Bürzel und die oberen Schwanzdeckfedern sind blau, der Vorderkopf rot, der Schnabel hellorangefarbig. Vom Rosenköpfchen gibt es heute eine große Anzahl von farblich abweichenden Mutationsformen. Brütet willig auch in größerem Drahtkäfig. Untereinander und gegenüber anderen Unzertrennlichen oft unverträglich. Gelege drei bis fünf Eier, Brutdauer 21 Tage, Nestlingszeit fünf Wochen.

Grauköpfchen, *Agapornis cana.* Länge 14 cm. Vorkommen: Madagaskar, Mauritius, Sansibar und Seychellen. Körperfärbung überwiegend grün. Beim Männchen sind Kopf, Hals und obere Brust hellgrau. Die Bauchunterseite ist hellgrün, Rücken und Flügeldecken sind dunkelgrün. Die Schwanzfedern haben eine grüne Spitze und vor dieser ein schwarzes Querband. Augeniris dunkelbraun. Der Schnabel ist hell hornfarben. Beim Weibchen fehlt die graue Kopfzeichnung. Sein Kopf ist grün bis graugrün. Beim Nestbau tragen die Männchen Nistmaterial in die Bruthöhle. Das Gelege umfaßt drei bis sieben Eier, Brutdauer 20 Tage, Nestlingszeit vier bis fünf Wochen.

Graupapageien

Graupapagei, *Psittacus erithacus.* Länge bis 35 cm. Vorkommen: über das tropische Afrika von der Elfenbeinküste bis nach Angola im Süden und Tansania im Osten. Beide Geschlechter gleich gefärbt. Grundfärbung grau, an Bauch und Bürzel heller. Schwanzfedern scharlachrot, Schnabel schwarz. Augeniris bei ausgewachsenen Exemplaren hellgrau, bei Jungvögeln bis etwa zum achten Lebensmonat dunkelbraungrau. Unter Graupapageien findet man die besten »Sprecher«, die Stimmen und Laute genau tonrichtig wiedergeben können. Während der letzten Jahrzehnte häufig auch in Europa nachgezüchtet. Gelege zwei bis drei Eier. Weibchen brütet alleine, Brutdauer 30 Tage. Nestlingszeit drei Monate.

Timneh-Graupapagei, *Psittacus erithacus timneh.* Länge 29 cm. Vorkommen: Die Verbreitung dieser Unterart des Graupapageis ist auf die Küstengebiete von Guinea, Sierra Leone und Liberia begrenzt. Von der Nominatform unterscheidet sich der Timneh-Graupapagei durch eine mehr braungraue Grundfärbung. Seine Schwanzfedern sind braunrot; der Oberschnabel ist, abgesehen von seiner schwarzen Spitze, hell hornfarben und bei manchen Exemplaren etwas rötlich. In der Regel sind Timneh-Graupapageien kleiner als die Nominatform; die angegebene Länge von 29 cm ist die Maximallänge. Schon in Europa nachgezüchtet. Brutdaten wie beim Graupapagei.

Langflügelpapageien

Mohrenkopf, *Poicephalus senegalus senegalus.* Länge bis 23 cm. Vorkommen: Westafrika von Guinea bis Kamerun. Beim Männchen Stirn und Scheitel dunkelgrau, die Kopfseiten etwas heller grau. Hals und Oberseite grün, Schwingen dunkler olivgrün. Schwungfedern dunkelbraun bis schwarz mit grünen Außenfahnen. Unterseite und Augeniris gelb. Kopffärbung des Weibchens heller. Sichere Geschlechtsbestimmung jedoch schwierig, da jüngere Männchen älteren Weibchen sehr ähnlich sind. Zucht auch in einem großen Drahtkäfig möglich. Das Gelege umfaßt zwei bis vier Eier; Brutdauer 22 Tage, Nestlingszeit zweieinhalb bis drei Monate.

Goldbugpapagei, *Poicephalus meyeri.* Länge 21 cm. Vorkommen: Zentral- und Ostafrika. Beide Geschlechter gleich gefärbt. Kopf, Kehle, Nacken, Schwingen und Schwanzfedern graubraun. Flügelbug und Unterflügeldecken leuchtend gelb. Bauch und Bürzel blaugrün. Manche Exemplare haben auf dem Scheitel und am unteren Teil der Schenkel einzelne gelbe Federchen. Von jung an in menschlicher Gesellschaft gehalten, können Goldbugpapageien sehr zahm werden. Leider werden sie nur selten eingeführt; europäische Nachzuchten sind bisher selten. Die Zucht in Volieren ist jedoch in den letzten Jahren häufiger gelungen. Gelege zwei bis drei Eier, Brutdauer 30 Tage, Nestlingszeit acht Wochen.

Mönchs- und Dickschnabelsittiche

Mönchssittich, *Myiopsitta monachus.* Länge 26 cm. Vorkommen: südliches Brasilien, Uruguay, nördliches Argentinien. Keine sichtbaren Geschlechtsunterschiede. Stirn, Scheitel, Vorderhals, Brust und obere Bauchhälfte grau. Nacken, Rücken und Schwingen olivgrün. Schnabel hell hornfarben. Brütet nicht in Höhlen. Die Tiere bauen ein kugelförmiges Nest aus Zweigen. Nur für Haltung in Freilandvolieren geeignet. Untereinander gut verträglich. Gelege besteht aus vier bis sechs Eiern, Brutdauer 26 Tage, Nestlingszeit sechs bis sieben Wochen. Es gibt eine blaue Zuchtform.

Katharinasittich, *Bolborhynchus lineola.* Länge 16 cm. Vorkommen: Mittelamerika, vom südlichen Mexiko bis Panama. Gefieder überwiegend gelbgrün bis grün. Federn an Nacken, Rücken und Schwingen mit dunklen Säumen. Flügelbug dunkelblau. Bürzel gelbgrün mit blauen Flecken. Katharinasittiche sind liebenswürdige und zutrauliche Vögel, die sich auch gut für eine Haltung in der Wohnung eignen. Die Tiere können in großen Drahtkäfigen oder in einer Voliere vermehrt werden. Sie benötigen einen großen Nistkasten mit einer Bodenfläche von mindestens 18 × 18 cm. Das Gelege besteht aus zwei bis fünf Eiern. Das Weibchen brütet alleine. Brutdauer 26 Tage, Nestlingszeit sechs Wochen.

Aymarasittich, *Bolborhynchus aymara.* Länge 20 cm. Vorkommen: entlang der Anden in Höhen von 1200–4000 m von Bolivien bis zum nördlichen Argentinien. Oberkopf und Rücken sind braungrau. Kehle, Brust und Bauch hellgrau. Bürzel und Flügeldecken olivgrün. Die Schwanzfedern sind oberseits blaugrün, unterseits graugrün. Die Stimme dieses kleinen Sittichs ist angenehm zwitschernd. Die Unterscheidung der Geschlechter ist einfach, wenn man ausgefärbte Exemplare miteinander vergleichen kann. Die Weibchen sind kleiner und blasser in der Färbung. Das Gelege umfaßt vier bis acht Eier. Brutdauer 26–28 Tage, Nestlingszeit acht bis neun Wochen.

Aras

Gelbbrustara, *Ara ararauna.* Länge 86 cm. Vorkommen: große Teile des nördlichen Südamerikas östlich der Anden, von Panama bis Uruguay. Stirn grünlich schimmernd. Scheitel, Nacken, Rücken, Schwingen, Steißgefieder und Oberseite der Schwanzfedern hellblau. Halsseiten, Brust, Bauch und Unterseite der Schwanzfedern gelb. Schwarzes, bogenförmiges Feld umschließt die federlose Zone beiderseits des Unterschnabels. Kleine, schwarze, in Reihen angeordnete Federchen auf dem im übrigen nackten Zügel. Schnabel schwarz, Augeniris gelblichweiß. Geschlechter gleich gefärbt. Zucht bei Volierenhaltung häufig gelungen. Gelege zwei bis drei Eier, Brutdauer 21–25 Tage, Nestlingszeit zwölf Wochen.

Dunkelroter Ara, *Ara chloroptera.* Länge 90 cm. Vorkommen in großen Teilen des nördlichen Südamerika, von Panama bis zum nördlichen Argentinien. Grundfärbung überwiegend dunkelrot. Die kleinen Deckfedern der Schwingen karminrot, mittlere Deckfedern grün und Schwungfedern blau. Mittlere Schwanzfedern rot mit blauen Spitzen, äußere blau mit teilweise roten Außenfahnen. Auf den nackten Wangen und dem Zügel in Reihen angeordnete rote Federchen. Oberschnabel hell hornfarben, Unterschnabel schwarz. Augeniris gelb. Beide Geschlechter gleich gefärbt. Wird auch Grünflügelara genannt. Bereits von Conrad Gesner 1557 erwähnt. Brutdaten siehe Gelbbrustara.

Goldnackenara, *Ara auricollis.* Länge 38 cm. Vorkommen: südöstliches Brasilien, Paraguay. Stirn schwarzblau, zum Scheitel hin in Grün übergehend. Über den Nacken streckt sich ein breites gelbes Band. Gefieder im übrigen überwiegend grün. Deckfedern der Schwingen grünlichblau bis blau, Schwungfedern blau. Schwanzfedern oberseits bräunlichrot mit blauen Spitzen, unterseits gelbbraun. Eine federlose Zone vom Schnabel bis hinter den Augen. Schnabel schwarz, Augeniris orangefarben. Als Einzelvogel gehaltene Exemplare werden schnell zahm und zutraulich. Bereits in Europa nachgezüchtet. Gelege zwei bis drei Eier, Brutzeit ist nicht exakt bekannt, Nestlingszeit neun Wochen.

Hellroter Ara, *Ara macao.* Länge 85 cm. Vorkommen: vom südlichen Mexiko bis zum Mato Grosso über das nördliche Südamerika östlich der Anden. Einer der prächtigsten Aras. Stirn, Scheitel, Hals, Rücken, Brust und Bauch scharlachrot. Schwingen, große Handdecken, Unterschwanzdecken und Bürzel hellblau. Schwanzfedern scharlachrot, die äußeren mit blauen Außenfahnen. Wangen und Zügel ohne jede Befiederung. Oberschnabel hell hornfarben, Unterschnabel schwarz, Augeniris gelb. Heute selten gepflegt, da aufgrund der Artenschutzbestimmungen nicht mehr importiert. Etliche Male in Volieren nachgezüchtet. Gelege zwei bis drei Eier, Brutdauer 25 Tage, Nestlingszeit 12–13 Wochen.

Hahns Zwergara, *Ara nobilis.* Länge 30 cm. Vorkommen: von Venezuela und Guayana bis zum südlichen Brasilien. Mehrere Unterarten. Bei der Nominatform *A. n. nobilis* ist die Grundfärbung grün, unterseits etwas heller und in Gelbgrün übergehend. Stirn und Scheitel blau. Bei manchen Exemplaren ist die Blaufärbung nur angedeutet. Flügelbug und Unterflügeldecken scharlachrot. Schwung- und Schwanzfedern unterseits gelblich. Am Kopf erstreckt sich eine nackte Zone über den Zügel bis hinter das Auge. Als Einzelvogel gehalten, schließt sich der Zwergara seinem Pfleger an. Schon häufiger nachgezüchtet. Gelege zwei bis drei Eier, Brutdauer 24 Tage, Nestlingszeit sechs bis sieben Wochen.

Keilschwanz-, Nanday- und Felsensittiche

Nandaysittich, *Nandayus nenday.* Länge 30 cm. Vorkommen: südöstliches Bolivien, Paraguay, Brasilien und nördliches Argentinien. Beide Geschlechter sind gleich gefärbt, doch sind die Männchen meist etwas größer. Stirn, Vorderkopf und Scheitel schwarz, der federlose Augenring weiß. Brust grünlichblau, Bauch grün. Schwungfedern schwarzblau. Die Schwanzfedern sind oberseits olivgrün, unterseits graubraun. Nandaysittiche eignen sich wegen ihrer lauten Stimme nicht für eine Haltung in der Wohnung, sind aber äußerst dankbare Volierenvögel. Brüten willig, auch wenn sie in einer Gruppe gehalten werden. Gelege drei bis vier Eier, Brutzeit 25 Tage, Nestlingszeit sieben Wochen.

Sonnensittich, *Aratinga auricapilla solstitialis.* Länge 30 cm. Vorkommen: Nordöstliches Brasilien, Venezuela und Guayana. Grundfärbung überwiegend gelb. Oberflügeldecken teilweise grün. Schwungfedern dunkelblau. Schwanzfedern dunkelgrün und mit blauer Spitze. Schnabel dunkel hornfarben, Augeniris dunkelbraun. Von jung an in nahem Kontakt mit Menschen aufgewachsene Sonnensittiche werden zahm und zutraulich. Die Zucht gelingt am besten bei paarweiser Haltung in der Voliere, ist aber auch in größeren Drahtkäfigen möglich, wenn diese ungestört aufgestellt werden können. Das Gelege umfaßt vier bis sechs Eier, Brutdauer 28 Tage, Nestlingszeit acht Wochen.

Elfenbeinsittich, *Aratinga canicularis.* Länge 24 cm. Vorkommen entlang der mittelamerikanischen Westküste von Mexiko bis Costa Rica. Die Grundfärbung ist olivgrün, unterseits heller. Die Schwanzfedern sind oberseits dunkelolivgrün, unterseits heller grün bis gelbgrün gefärbt. Die Schwungfedern sind dunkelgrün, der Schnabel ist hell hornfarben. Der unbefiederte Augenring ist gelblich-orange. Wird am besten in einer Voliere gehalten, da seine kräftige Stimme im Hause leicht störend wird. Seine Vermehrung ist in Europa schon häufiger gelungen. Gelege zwei bis drei Eier, Brutdauer 28–30 Tage, Nestlingszeit acht bis neun Wochen.

Goldscheitelsittich, *Aratinga auricapilla.* Länge 30 cm. Vorkommen: südöstliches Brasilien. Grundfärbung dunkelgrün, zum Bauch hin in Rotbraun übergehend. Stirn, Scheitel und ein schmaler Rand um den nackten Augenring rot. Manche Exemplare haben zwischen den roten eingestreute gelbe Federchen. Federn auf Unterrücken und Bürzel mit rotbraunen Säumen. Innerhalb der Art kommen große farbliche Unterschiede vor. Für Einzelhaltung sind Goldscheitelsittiche wenig geeignet. Die Paare schlafen gerne im Nistkasten, auch außerhalb der Brutzeit. Beide Geschlechter brüten. Gelege zwei bis drei Eier, Brutdauer 26 Tage, Nestlingszeit sieben Wochen.

Rotkopfsittich, *Aratinga erythrogenys.* Länge 33 cm. Vorkommen: Peru und Ecuador, vorzugsweise in ausgesprochen trockenen Gebieten. Beide Geschlechter sind gleich gefärbt. Stirn, Scheitel, Kopfseiten, Flügelbug und mittlere Unterflügeldecken rot. Gefieder im übrigen grün, bei manchen Exemplaren mit einzeln eingestreuten roten Federn. Der unbefiederte Augenring ist weiß, die Augeniris gelb, der Schnabel hell hornfarben. Die Sittiche wurden früher regelmäßig eingeführt, doch galt ihre Vermehrung lange als schwierig. In den letzten Jahren häufiger nachgezüchtet. Gelege drei bis vier Eier, Brutdauer 28–30 Tage, Nestlingszeit acht bis neun Wochen.

Goldstirnsittich, *Aratinga aurea.* Länge 26 cm. Vorkommen: Stromgebiet des Amazonas, östliches Bolivien, Paraguay. Grundfärbung grün, zur Unterseite hin gelblichgrün. Stirn orangefarben bis rot. Scheitel blaugrün, Kehle und oberer Teil der Brust grünlichbraun. Von jung an als Einzelvogel mit menschlichem Nahkontakt gehalten, können Goldstirnsittiche sehr zahm werden; manche Tiere lernen auch etwas »sprechen«. Beide Geschlechter sind gleich gefärbt; das Weibchen ist meist etwas kleiner und mit schwächerem Schnabel. Zucht bei paarweiser Volierenhaltung nicht schwer. Gelege zwei bis drei Eier. Beide Geschlechter brüten. Brutdauer 26 Tage, Nestlingszeit sieben Wochen.

Jendayasittich, *Aratinga auricapilla jandaya.* Länge 30 cm. Vorkommen: östliches Brasilien. Kopf, Hals, Brust und obere Bauchhälfte goldgelb. Die Schwungfederndecken und Schwungfederspitzen sind blau. Schwanzfedern oberseits grünlichblau, unterseits grau. Jendayasittiche eignen sich gut für die Volierenhaltung und sind meist auch in größerer Anzahl zusammen gehalten verträglich. Beide Geschlechter sind gleich gefärbt, die Weibchen in der Regel jedoch etwas kleiner als die Männchen. Zucht am besten in der Voliere, aber auch in einem großen Drahtkäfig möglich. Gelege besteht aus drei bis vier Eiern, Brutdauer 30 Tage. Nestlingszeit sieben bis acht Wochen.

Kaktussittich, *Aratinga cactorum.* Länge 25 cm. Vorkommen: nordöstliches Brasilien. Typischer Bewohner von trockenem, teilweise mit Kakteen bewachsenem Buschgelände. Stirn und Scheitel blaugrau, Kehle und oberer Teil der Brust graubraun. Unterer Teil der Brust und Bauch gelb orange. Der unbefiederte Augenring ist weiß. Schnabel hell hornfarben. Oberseits dunkelgrün. Weibchen in der Regel etwas kleiner und mit schwächerem Schnabel. Kaktussittiche wurden früher regelmäßig eingeführt, sind aber heute nur noch selten erhältlich. Zucht bei paarweiser Haltung schon häufiger gelungen. Gelege drei bis fünf Eier, Brutdauer 26 Tage, Nestlingszeit acht Wochen.

Goldsittich, *Aratinga guarouba.* Länge bis 35 cm. Vorkommen: Nordöstliches Brasilien, südlich des Amazonas. Grundfärbung rein goldgelb. Mittlere Schwingendeckfedern und Schwungfedern dunkelgrün. Schnabel groß und kräftig, hell hornfarben. Nackter Augenring weiß. Ist durch Veränderungen seines Lebensraumes stark gefährdet und entsprechend dem Artenschutzabkommen geschützt. Es gibt bei dieser Art jedoch heute einige erfreuliche Nachzuchtresultate, die eventuell den Aufbau von Volierenstämmen ermöglichen. Für Zuchtversuche ist Volierenhaltung in Paaren anzuraten. Gelege zwei bis drei Eier. Brutdauer 28–30 Tage, Nestlingszeit neun Wochen.

Rotschwanz- und Schmalschnabelsittiche

Perlsittich, *Pyrrhura perlata.* Länge 24 cm. Vorkommen: Nordöstliches Brasilien. Grundfärbung grün. Stirn und Scheitel braungrau. Die Federn an Nacken, Hals und oberer Brust sind blaugrau mit gelben Säumen. Durch diese Federzeichnung entsteht das für alle *Pyrrhura*-Arten typische Schuppenmuster. Am Unterschnabel befinden sich grüne und am Flügelbug einige rote Federn. Rücken und Flügeldecken dunkelgrün. Schwanzfedern oberseits braun, unterseits rotbraun. Schnabel dunkelgrau, nackter Augenring weiß. Schlafen auch außerhalb der Brutzeit gerne im Nistkasten. Gelege zwei bis vier Eier. Weibchen brütet alleine. Brutdauer 26 Tage. Nestlingszeit sechs Wochen.

Braunohrsittich, *Pyrrhura frontalis.* Länge 26 cm. Vorkommen: südöstliches Brasilien, Paraguay, Uruguay, nördliches Argentinien. Stirn und Wangen grünlichgrau. Die dunkelgrauen Federn an Hals und Brust haben helle Säume. Rücken und Flügeldecken sind dunkelgrün. Der unbefiederte Augenring ist weiß. Außerhalb der Brutzeit sind Braunohrsittiche gesellige Vögel, die auch in größerer Anzahl zusammen gehalten verträglich sind. Brütende Paare sind jedoch sehr aggressiv. Braunohrsittiche schlafen auch außerhalb der Brutzeit gerne im Nistkasten. Gelege zwei bis fünf Eier, Brutdauer 26 Tage, Nestlingszeit sechs Wochen.

Schwarzschwanzsittich, *Pyrrhura m. melanura.* Länge 24 cm. Vorkommen: weit verbreitet über große Gebiete des nördlichen Südamerikas, von Venezuela bis nach Peru und Ecuador. Stirn und Scheitel braun. Die Schuppenzeichnung an oberer Brust, Hals und Nacken besteht aus braungrünen Federn mit hellen Säumen. Unterseite und Flügeldecken dunkelgrün, an den Flügeldecken außen einige rote Federn. Schwanzfedern oberseits an ihrer Basis grün; im übrigen schwarz, unterseits braun. Außerhalb der Brutzeit verträglich. Für Zuchtversuche ist Volierenhaltung von Paaren anzuraten. Gelege zwei bis vier Eier. Brutdauer und Nestlingszeit wie beim Braunohrsittich angegeben.

Blaulatzsittich, *Pyrrhura cruentata.* Länge 28 cm. Vorkommen: südliches Brasilien. Größte Art der Gattung *Pyrrhura.* Grundfärbung dunkelgrün. Die Scheitel- und Nackenfedern sind dunkelbraun mit hellen Säumen. Ohrenfleck braunrot, an diesen anschließend eine gelborange farbige Zone, die sich auf die Halsseiten erstreckt. Kehle und obere Brust sind blau. Unterer Rücken und Bürzel teilweise mit roten Federn. Flügelbug rot, äußere Schwungfedern blau. Die Schwanzfedern sind oberseits olivfarben, unterseits bräunlichrot gefärbt. Schon häufiger nachgezüchtet. Gelege zwei bis vier Eier, Brutdauer 26–28 Tage, Nestlingszeit sechs bis sieben Wochen.

Kanarienflügelsittich, *Brotogeris versicolorus chiriri.* Länge 23 cm. Vorkommen: südliches Brasilien, nördliches Argentinien. Grundfärbung grasgrün, an Seiten und Brust heller. Stirn, Scheitel und Unterseiten der Schwingen gelb. Kanarienflügelsittiche wurden früher häufig eingeführt, aber in Europa kaum gezüchtet. Als Käfigvogel in der Wohnung kann ihr ständiges Gezeter störend sein. In der Voliere lebhaft; ihre Flügelfärbung kommt im Flug gut zur Geltung. Fast alle Exemplare werden schnell zahm und zutraulich. Die Vermehrung ist schwierig. Tiefer Nistkasten mit Torfeinlage. Das Gelege enthält drei bis sechs Eier; Brutdauer 23 Tage, Nestlingszeit sechs bis sieben Wochen.

Feuerflügelsittich, *Brotogeris pyrrhopterus.* Länge 20 cm. Vorkommen: westliche Teile Ecuadors und Perus. Geschlechter gleich gefärbt. Männchen haben in der Regel einen größeren Kopf und einen stärkeren Schnabel. Stirn, Vorderkopf, Wangen und Hals lichtgrau. Scheitel und obere Brust grünblau. Ober- und Unterseite hellgrün. Unterseite der Schwingen im vorderen Teil leuchtend-orangefarbig. Schönste Art der Gattung, was jedoch erst hervortritt, wenn man sie im Flug sieht. Ihre Stimmen wirken in der Wohnung leicht störend; daher am besten in einer Voliere zu halten. Zucht bisher nur selten gelungen. Gelege drei bis vier Eier, Brutdauer 28 Tage, Nestlingszeit sieben bis acht Wochen.

Sperlingspapageien

Gelbmasken-Sperlingspapagei, *Forpus xanthops.* Länge 14,5 cm. Vorkommen: nordwestliches Peru. Größter Sperlingspapagei, der sich auch in seiner Färbung deutlich von anderen Arten seiner Gattung unterscheidet. Stirn, Scheitel und Wangen sind gelb. Brust und Bauch gelblich-grün. Schwingen grün mit grauer Tönung, unterer Rücken und Bürzel dunkelblau. Der Gelbmaskensperlingspapagei wird nur selten eingeführt, ist aber während der letzten Jahre mehrere Male mit Erfolg in Europa nachgezüchtet worden. Eianzahl, Brutdauer und Nestlingszeit wie bei den anderen Sperlingspapageien.

Augenring-Sperlingspapagei, *Forpus conspicillatus.* Länge 12 cm. Vorkommen: Panama und Kolumbien. Gefiederfärbung dunkelgrün, unterseits etwas heller. Um die Augen läuft ein schmaler blauer Streifen. Anhand dieser Augenzeichnung läßt sich die Art leicht von anderen Sperlingspapageien unterscheiden. Beim Weibchen ist der Augenring nur durch abweichende Grünfärbung markiert. Schnabel hornfarbiggrau mit einer dunklen Zone am Oberschnabel. Nur selten eingeführt, aber schon häufiger in Zimmervolieren und auch in größeren Drahtkäfigen nachgezüchtet. Eianzahl, Brutdauer und Nestlingszeit wie beim Blaunacken-Sperlingspapagei.

Blaunacken-Sperlingspapagei, *Forpus coelestis.* Länge 12,5 cm. Vorkommen: Nordwestliches Peru und westliches Ecuador. Grundfärbung grün. Der Nacken ist grau, der Rücken grünlichgrau, Bürzel und Flügelkanten sind blau. Schwanz grün, Schnabel hellgrau, Augeniris braun. Beim Weibchen fehlt die Blaufärbung an den Flügeln und am Bürzel. Am häufigsten gehaltene und nachgezüchtete Art der Gattung *Forpus.* Die Zucht gelingt am besten in einer Zimmervoliere. Die Vögel können in größeren Volieren auch mit Prachtfinken zusammen gehalten werden, nicht aber mit Wellensittichen und Unzertrennlichen. Gelege vier bis sechs Eier, Brutdauer 19–20 Tage, Nestlingszeit 30 Tage.

Grünbürzel-Sperlingspapagei, *Forpus passerinus.* Länge 12 cm. Vorkommen: nördliches Brasilien, Venezuela, Guayana. Bei dieser Art hat nur die Nominatform *F. p. passerinus* einen grünen Bürzel, während andere Unterarten blaue Bürzel haben und daher meist blaubürzlige Sperlingspapageien genannt werden. Die Grundfärbung ist grasgrün, unterseits etwas heller; Unterrücken und Bürzel sind intensiv grün. Die Männchen haben an der Unterseite der Schwingen blaue Federn, die den Weibchen fehlen. Dieses Geschlechtsmerkmal gilt für alle Unterarten von *Forpus passerinus.* Eianzahl, Brutdauer und Nestlingszeit wie beim Blaunacken-Sperlingspapagei.

Amazonen

Rotbugamazone, *Amazona aestiva aestiva.* Länge bis 37 cm. Vorkommen: östliches Brasilien. Die Stirn, bei manchen Exemplaren auch der Vorderkopf, intensiv blau. Scheitel, Augenumgebung und Wangen gelb. Nacken- und Rückengefieder grün mit dunklen Federsäumen. Flügelbug und ein Feld im Bereich der Handschwingendecken rot. Augenring weiß, Augeniris dunkelbraun, Schnabel schwarz. Die Nominatform der Blaustirnamazonen wird häufig selbst als Blaustirnamazone bezeichnet. Von jung an mit Menschen aufgewachsen, können sie entzückende Hausgenossen sein. Schon häufiger nachgezüchtet. Gelege zwei bis vier Eier, Brutdauer 29 Tage, Nestlingszeit neun bis zehn Wochen.

Gelbbugamazone, *Amazone aestiva xanthopteryx.* Länge bis 37 cm. Vorkommen vom nördlichen Bolivien über Paraguay, Mato Grosso bis zum nördlichen Argentinien. Von der Nominatform der Blaustirnamazonen unterscheidet sich diese Unterart dadurch, daß die roten Federn in den Abzeichen der Schwingen mit gelben Federn durchmischt sind. Es gibt auch Exemplare mit rein gelben Abzeichen. Wird auch als Gelbflügel-Blaustirnamazone bezeichnet. Die Ausdehnung der Blaufärbung an Stirn und Vorderkopf kann genau wie bei der Nominatform sehr unterschiedlich sein. Angaben über Eianzahl, Brutdauer und Nestlingszeit wie bei der Rotbugamazone.

Venezuelaamazone, *Amazona amazonica.* Länge 31 cm. Vorkommen: Kolumbien, Venezuela, Guayana und große Teile des nördlichen Brasiliens, im Westen bis nach Peru. Grundfärbung grün. Stirn und Wangen gelb. Bei vielen Exemplaren zwischen den gelben Federchen der Stirnzeichnung eingestreute blaue Federn. Flügelbug gelbgrün, Flügelspiegel orangerot. Innenfahnen der Schwanzfedern orange bis rot. Augenring graublau, Augeniris orange. In Zeichnung und Färbung kommen große individuelle Unterschiede vor. Eine der am häufigsten gehaltenen Amazonen; schon des öfteren nachgezüchtet. Gelege zwei bis vier Eier, Brutdauer 29 Tage, Nestlingszeit neun Wochen.

Surinamamazone, *Amazona ochrocephala ochrocephala.* Länge bis 37 cm. Vorkommen: Guayana und nördliches Brasilien. Grundfärbung grün, oberseits dunkler. Federn im Nacken und Rücken teilweise mit schwarzen Säumen. Stirn und vorderer Teil des Scheitels gelb. Flügelbug rot. Handschwingen mit roten Spiegeln. Schwanzfedern grün, an der Basis rot, die äußeren mit schwarzen Außenfahnen. Augenring grau, Augeniris orangefarben. Schnabel schwarzgrau mit roten Flecken an der Basis des Oberschnabels. Sehr variabel bezüglich der Färbung, manche Exemplare mit gelben Wangen. Eianzahl, Brutdauer und Nestlingszeit wie bei der Venezuelaamazone.

Gelbnackenamazone, *Amazona ochrocephala auropalliata.* Länge 39 cm. Vorkommen vom südwestlichen Mexiko bis Costa Rica. Grundfärbung grün. Das Kopfgefieder ist mehr oder weniger blaugrün gefärbt. Auf Hinterkopf und Nacken befindet sich ein großer, gelber Fleck. Unterhalb der Armschwingendeckfedern ein kleiner, roter Fleck. Augenring weiß, Augeniris orange, Schnabel dunkelhornfarben. Eine der sprachbegabtesten Amazonen. Von jung an in nahem Kontakt mit Menschen aufgewachsen, werden Gelbnackenamazonen sehr zahm und anhänglich. Schon häufiger nachgezüchtet. Gelege zwei bis vier Eier, Brutdauer 29 Tage, Nestlingszeit neun bis zehn Wochen.

Panamaamazone, *Amazona ochrocephala panamensis.* Länge 33 cm. Vorkommen: nördliches Kolumbien und Panama. Ähnelt der Surinamamazone, doch ist ihre Grundfärbung etwas heller; die Federn des Nacken- und Rückengefieders haben keine dunklen Säume. Stirn und vorderer Teil des Scheitels gelb. Augenring weiß, Augeniris braunrot, Schnabel hell hornfarbig, bei manchen Exemplaren ist die Spitze des Oberschnabels schwarz. Beine auffallend hell, oft fast weiß. Als Einzelvogel gehalten, werden Panamaamazonen bei aufmerksamer Zuwendung schnell zahm und gelehrig. Schon häufiger in Europa nachgezüchtet. Eianzahl, Brutdauer und Nestlingszeit wie bei der Gelbnackenamazone angegeben.

Große Gelbkopfamazone, *Amazona ochrocephala oratrix.* Länge 41 cm. Vorkommen: Mexiko und Honduras. Kopf und Hals gelb. Gefieder im übrigen grün. Federn an Hals, Brust und Rücken mit dunkelgrünen Säumen. Flügelbug und Flügelspiegel rot. Bei manchen Exemplaren kommen vereinzelte gelbe Federn im übrigen Gefieder vor. Bei Haltung in Wohnräumen kann das Stimmvolumen dieser großen Amazone sehr störend sein. Schon häufiger in Europa nachgezüchtet. Jungvögel sind anfänglich fast gänzlich grün mit nur unbedeutender Gelbfärbung an der Stirn. Gelege in der Regel zwei Eier; Brutdauer soll lediglich 24 Tage betragen. Nestlingszeit zehn Wochen.

Kubaamazone, *Amazona leucocephala.* Länge 32 cm. Vorkommen: Kuba. Grundfärbung grün, Deckfedern mit dunklen Säumen. Stirn, Scheitel und Augenumgebung weiß. Unterer Bauch weinrot. Vordere Schwungfedern blau. Schwanzfedern an der Basis rot, oberseits grün, unterseits gelblich. Augenring weiß, Augeniris dunkelbraun. Schnabel fast weiß hornfarbig. Eine der ersten Amazonen, die nach Europa kam; sie ist bereits von Conrad Gesner 1669 erwähnt worden. Heute in Europa selten. Da sie aber in der früheren DDR in Tiergärten und bei Züchtern vermehrt wurden, gibt es in Deutschland heute etwa zehn registrierte Zuchtpaare. Gelege drei bis vier Eier, Brutdauer 30 Tage, Nestlingszeit neun bis zehn Wochen.

Grünwangenamazone, *Amazona viridigenalis.* Länge 33 cm. Vorkommen: nordwestliches Mexiko. Stirn und Scheitel sind scharlachrot. Grundfärbung im übrigen dunkelgrün, an der Unterseite heller. Federn an Hinterkopf und Nacken mit dunklen Säumen. Charakteristisch sind die leuchtend grünen Wangen. Die Flügel sind dunkler grün, auf den Armschwingen befindet sich ein roter Fleck. Nackter Augenring weiß, Augeniris orange bis gelb, Schnabel hellhornfarben. Als Stubenvogel gehalten, werden Grünwangenamazonen schnell zahm und sind in den USA sehr beliebt. In Deutschland seltener gepflegt und bisher wahrscheinlich noch nicht nachgezüchtet.

Blaubartamazone, *Amazona festiva.* Länge 34 cm. Vorkommen: in Form von zwei Unterarten im oberen Teil des Amazonenstromgebietes und im Stromgebiet des Orinoco. Die Grundfärbung ist dunkelgrün. Über der Stirn bis zum Auge ein rotes bis braunrotes Band. Ein schmaler blauer Streifen beginnt über dem Auge und endet an der Kehle. Der untere Rücken und der Bürzel sind leuchtend rot. Blaubartamazonen werden schnell zahm und sind »sprachbegabt«, werden aber heute kaum noch eingeführt und sind, soweit bekannt, auch noch nicht nachgezüchtet worden. Ihre Brutdaten dürften jedoch denen der anderen Amazonen gleichen.

Rotschwanzpapageien

Schwarzohrpapagei, *Pionus menstruus.* Länge 28 cm. Vorkommen von Costa Rica bis Zentralbrasilien. Kopf, Hals und obere Brust blau. Ohrenfleck dunkel schwarzblau. An der Kehle einige eingestreute rote Federn. Rücken und Bauch grün. Das Steißgefieder und die Unterseite der Schwanzfedern sind rot. Schwingen grün, Außenfahnen der Handdecken blau. Nackter Augenring grau, Augeniris dunkelbraun. Oberschnabel an der Basis rötlich; im übrigen sind beide Schnabelhälften schwarz. Der Schwarzohrpapagei ist schon einige Male in Europa vermehrt worden. Gelege umfaßt bis zu vier Eier, Brutdauer 28 Tage, Nestlingszeit neun Wochen.

Maximilians Papagei, *Pionus maximiliani.* Länge bis 29 cm. Vorkommen: südöstliches Brasilien und nordöstliches Argentinien. Federn an Stirn und Scheitel dunkelgraugrün mit fast schwarzen Säumen. Brust blaugrün. Rücken und Schwingen dunkel olivgrün. Bauch etwas heller grün. Steißgefieder rot. Der nackte Augenring ist über und unter dem Auge weiß, davor und dahinter dunkelgrau. Beide Schnabelhälften sind in ihren aneinander liegenden Teilen hellgrau, nach oben und unten fast schwarz. Beide Geschlechter gleich in der Färbung. Wohl die am häufigsten gehaltene Art der Gattung. Schon einige Male in Europa nachgezüchtet. Brutdaten wie beim Schwarzohrpapagei angegeben.

Weißbauchpapageien

Grünzügelpapagei, *Pionites melanocephala.* Länge 23 cm. Vorkommen von Guayana über das nördliche Brasilien bis nach Peru und Ecuador. Zügel grün. Stirn und Scheitel schwarz. Hals, Nacken, Steißgefieder und Schenkel gelb. Untere Brust und Bauch rein weiß. Flügeldecken und Rücken dunkelgrün. Schwanzfedern oberseits dunkelgrün, unterseits braun. Nackter Augenring grau, Augeniris orangefarbig, Schnabel schwarz. Sehr gesellig, stark paargebunden und untereinander verspielt. Die Vögel sollten nur paarweise gehalten werden. Schon häufiger nachgezüchtet. Gelege zwei bis drei Eier, Brutdauer 27 Tage. Männchen brütet zeitweilig am Tage. Nestlingszeit zehn bis elf Wochen.

Rostkappenpapagei, *Pionites leucogaster.* Länge 23 cm. Vorkommen: nordöstliches Brasilien, zwischen dem Amazonas und dem Mato Grosso. Stirn, Scheitel und Nacken sind gelb bis braungelb. Kehle, Wangen und Steißgefieder etwas heller gelb. Brust und oberer Bauch sind rein weiß gefärbt. Rücken und Flügeldecken dunkelgrün. Der unbefiederte Augenring ist hell fleischfarben, die Augeniris rotbraun, der Schnabel hell hornfarben. Was über das Gesellschaftsbedürfnis und die Paarhaltung beim Grünzügelpapagei gesagt wurde, gilt auch für diese Art. Konnte bereits mehrere Male in Europa vermehrt werden. Brutdaten sind die gleichen wie beim Grünzügelpapagei.

Kauf und Eingewöhnung

Was beim Kauf zu beachten ist

Vor dem Kauf eines Papageis oder Sittichs sollte man sich überlegen, ob man einen im Lande nachgezüchteten oder einen aus seiner exotischen Heimat importierten Vogel erwerben möchte. Bei importierten Papageien kann es sich um Wildfänge handeln; oft werden jedoch den Nestern entnommene und von Menschen aufgezogene Jungvögel angeboten.

Heute besteht das Angebot gut zur Hälfte aus hier gezüchteten Vögeln; der Anteil der importierten Papageien ist seit einigen Jahren rückläufig. Soweit es größere Arten betrifft, werden im Lande gezüchtete Papageien nur selten in zoologischen Spezialgeschäften angeboten. Meist erwirbt der Liebhaber den Vogel direkt vom Züchter. Den Kundenkontakt erhalten Züchter meist über Anzeigen in Fachzeitschriften (siehe Anhang) und mitunter auch durch Anzeigen in lokalen Tageszeitungen. Bei im Lande nachgezüchteten Papageien hat der Käufer die Gewähr, daß der erworbene Vogel bereits in einem gewissen Maß an Menschen gewöhnt ist. Weiterhin weiß man, wie alt er ist, und schließlich kann der Züchter auch Auskunft über das bisher angebotene Futter geben. Im allgemeinen ist daher der Erwerb eines im Lande nachgezüchteten Vogels vorzuziehen, auch wenn der Preis eines solchen Papageien etwas höher sein sollte.

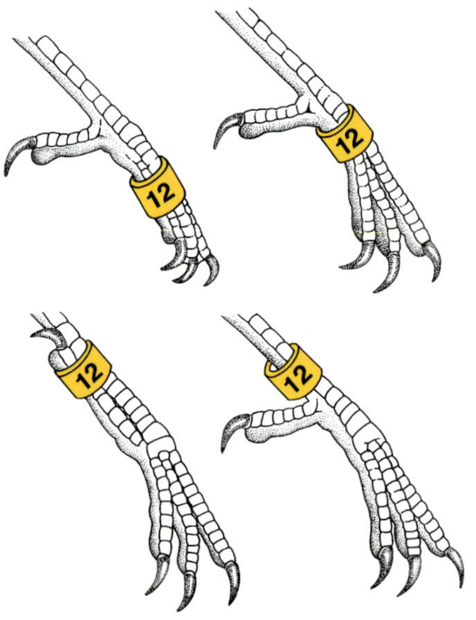

Bei Jungvögeln kann der geschlossene Ring noch über den Fuß gestreift werden.

Beringung

Beim Kauf muß der Liebhaber in Deutschland darauf achten, daß der Papagei mit dem vorgeschriebenen Fußring beringt ist. In der Schweiz besteht keine Pflicht zu einer derartigen Kennzeichnung von Nachzuchttieren, doch beringen die der Papageienzüchtergemeinschaft »Exotis« angeschlossenen Züchter ihre Nachzuchten mit vereinsinternen Ringen. In Österreich bestehen zur Zeit keine einheitlichen Regeln, da die einzelnen Bundesländer etwas unterschiedliche Vorschriften haben. Im Zweifelsfalle können Auskünfte über geltende Bestimmungen beim zuständigen Magistratsamt oder der jeweiligen Bezirkshauptmannschaft eingeholt werden.

Einfuhr und Quarantäne

Importierte Papageien unterliegen bestimmten Einfuhr- und Quarantänevorschriften. Im allgemeinen besagen diese Vorschriften, daß die Einfuhr im voraus von der zuständigen Veterinärbehöre des Einfuhrlandes genehmigt werden muß. Gibt die aktuelle Seuchenlage im Ausfuhrland Anlaß zu Bedenken, so wird keine Einfuhrgenehmigung erteilt. Bei der Einfuhr werden die importierten Vögel nach der tierärztlichen Grenzkontrolle für eine bestimmte Zeit in Quarantäne gehalten, beringt und oft auch einer prophylaktischen Antibiotika-Behandlung unterworfen.

Die betreffenden Vorschriften sind von Land zu Land verschieden. So beträgt die Quarantänedauer in Deutschland und in der Schweiz acht Wochen, in Österreich dagegen nur 40 Tage. Während in Deutschland und in der Schweiz die Antibiotikaprophylaxe obligatorisch ist, erfolgt sie in Österreich nur, wenn sie der Kontrolltierarzt aus besonderen Gründen verordnet. Die schweizerischen Bestimmungen lassen ausdrücklich Ausnahmen für einzeln von Privatpersonen eingeführte Papageien zu; Informationen können beim Bundesamt für Veterinärwesen in Bern eingeholt werden. In Deutschland geben die Amtstierärzte sachdienliche Auskünfte.

Für den Käufer ist es wichtig zu wissen, daß eine ordnungsgemäß durchgeführte Quarantäne von importierten Papageien keine Garantie für den Gesundheitszustand des Vogels ist. Die Gesundheitskontrolle während der Quarantäneperiode dient in erster Linie der Verhinderung einer Einschleppung epidemischer Krankheiten wie Geflügelpest (Newcastle-Infektion) und Ornithose (Papageienkrankheit).

Die meisten Papageienarten sind nach dem Washingtoner Artenschutzübereinkommen geschützt, dürfen also ohne eine sogenannte CITES-Bescheinigung nicht abgegeben werden. Da sich durch Veränderungen im Bereich des EG-Rechtes auch in bezug auf die Artenschutzgesetzgebung möglicherweise einiges ändern wird, empfiehlt es sich, sich vor dem Kauf eines Papageien darüber zu informieren.

Neben den allgemeinen Einfuhrbestimmungen, die den gewerblichen Handel betreffen, gibt es einige Sonderregelungen, die für den privaten Papageienhalter von Interesse sein können. Reist man als Privatperson von Deutschland ins Ausland, so darf man unter bestimmten Voraussetzungen bis zu drei Papageien aus- und wieder einführen, ohne daß die Vögel in Quarantäne müssen. Voraussetzung ist, daß beim Zoll ein amtstierärztliches Gesundheitszeugnis vorgelegt werden kann. Diese Ausnahmebestimmung kann nur von Privatpersonen und nicht von gewerblichen Händlern oder Züchtern in Anspruch genommen werden. Es sei noch darauf verwiesen, daß diese Bestimmungen, etwa auf Grund einer aktuellen Seuchenlage, kurzfristig geändert werden können. Es ist daher empfehlenswert, vor einer geplanten Reise Auskunft beim zuständigen Amtstierarzt und beim Konsulat des Landes, das man besuchen will, einzuholen.

Vor Kauf oder Einfuhr eines Papageis sollte man sich nach den derzeit gültigen gesetzlichen Bestimmungen erkundigen.

Ist das angebotene Tier gesund?

Nach dieser allgemeinen Information nun einige praktische Hinweise, welche Merkmale und Anzeichen etwas über den allgemeinen Gesundheitszustand eines Vogels aussagen können. Beim Kauf sollte man sich grundsätzlich viel Zeit lassen. Besonders Papageien, die für eine Haltung im Heim vorgesehen sind, sollte man genau auf ihr Verhalten Menschen gegenüber beobachten. Etwas andere Gesichtspunkte sind beim Kauf von Vögeln für Zuchtversuche in Betracht zu ziehen. Ausgesprochen zahme und zutrauliche Vögel, die sich sozusagen selbst als gute Hausgenossen anbieten, sind für Zuchtversuche oft weniger geeignet als etwas scheuere und Menschen gegenüber reserviertere Exemplare.

Bei einem im Lande gezüchteten Papagei ist darauf zu achten, daß das Federkleid keine kahlen Stellen aufweist. Die Augen sollen klar und die Augenränder frei von Wunden oder entzündeten Stellen sein. Beim Schnabel kontrolliert man, daß Ober- und Unterschnabel von vorne gesehen nicht seitlich gegeneinander verschoben sind. Bei den Füßen ist zu beachten, daß die Zehen und Klauen vollzählig und nicht deformiert sind. Sehr viel über den Allgemeinzustand eines Vogels sagt auch sein Federkleid aus. Genau wie bei Hunden oder Katzen ein blankes und sauberes Fell ein guter Indikator des

Gesundheitszustandes ist, so gilt das auch für das Federkleid von Papageien. Bei Kakadus und manchen Amazonen ist lediglich zu beachten, daß sie, bedingt durch ein von besonderen Puderdaunen abgesondertes staubartiges Sekret, das ihre Federn wasserabweisend macht, meist etwas »staubig« wirken.

Loripapageien reagieren auf Behandlung mit Antibiotika recht empfindlich.

Bei Importtieren ist auf die Atmung zu achten

Schwieriger als bei Papageien aus einheimischer Nachzucht ist die Beurteilung des Gesundheitszustandes von importierten Papageien. Durch Transport und Quarantänehaltung hat bei diesen Vögeln häufig das Federkleid gelitten; es ist nicht ungewöhnlich, daß sie etwas zerzaust aussehen. Bis alle Federn erneuert sind, können acht bis zwölf Monate vergehen.

Außer auf das bei Papageien einheimischer Nachzuchten schon Gesagte ist beim Kauf importierter Papageien besonders auf die Atmung zu achten. Während der Quarantäne werden die Vögel nicht nur häufig bei verhältnismäßig hohen Temperaturen gehalten; oft ist die Luft in den Quarantäneräumen außerdem recht trocken. Nach der Quarantäneperiode in Räume mit normaler Temperatur und Luftfeuchtigkeit gebracht, erkranken die Vögel nicht selten an schnupfenartigen Erkältungserscheinungen. Da derartige Erkrankungen mitunter auf Bronchien und Lunge übergreifen können, ist beim Kauf darauf zu achten, daß der Vogel nicht niest und daß seine Nasenlöcher frei von Schleimablagerungen sind.

An den Augenrändern dürfen sich keine Schwellungen oder entzündeten Stellen feststellen lassen. Augenentzündungen äußern sich häufig zunächst darin, daß die Augenlider zusammenkleben und es dem Vogel schwerfällt, die Augen zu öffnen. Augenentzündungen deuten häufig auf schwerere allgemeine Infektionen hin; einen Vogel, dessen Augenränder nicht sauber sind, sollte man grundsätzlich nicht kaufen.

Bei importierten Papageien nach der Quarantäne auftretende Verdauungsstörungen, die sich häufig in Durchfällen äußern, sind oft durch Nervosität und Kostumstellung bedingt und meist vorübergehender Natur. Tückischer sind derartige Erscheinungen jedoch mitunter bei Loripapageien. Die Ursache ist darin zu suchen, daß diese in bezug auf die Ernährung empfindlichen Papageien häufig die verordnete Antibiotikabehandlung schlecht vertragen. Durch die Medikamente wird die für die Verdauung besonders wichtige Magen- und Darmflora zeitweise ausgeschaltet, mit Durchfällen als Folge. Unabhängig von der Ursache sollte man Vögel, die an derartigen Erscheinungen leiden, erst kaufen, wenn ihr Kot wieder normal aussieht.

Untersuchung des Ernährungszustandes

Bei kleineren Vögeln kann der allgemeine Ernährungszustand durch Abtasten untersucht werden. Zu diesem Zweck nimmt man den Vogel so in die Hand, daß sein Rücken in der Handfläche liegt. Da selbst kleine Papageien empfindlich beißen können, ist es zweckmäßig, die haltende Hand durch einen Handschuh zu schützen. Sowie der Vogel in der Hand liegt, wird, von der Aftergegend ausgehend, gegen den Strich so in das Gefieder geblasen, daß man die Haut gut sehen kann. Die gesunde Haut ist glatt und frei von sichtbaren Fettablagerungen. Die Pigmentierung der Haut kann jedoch bei Papageien je nach Art recht unterschiedlich sein. Hautrötung oder verschmutzte Federn an der Afterpartie deuten auf Durchfall hin. Die Brust soll rund und voll sein und das Brustbein nicht hervortreten.

Da eine Untersuchung durch »Abtasten« bei größeren Arten schwierig ist, können die Vögel zur Beurteilung ihres Ernährungszustandes einzeln gewogen werden. Zu diesem Zweck setzt man den zu untersuchenden Papagei in einen nicht allzu großen Käfig. Danach wird der Käfig mitsamt dem Papagei gewogen und anschließend der leere Käfig – oder umgekehrt. Eine Tabelle mit dem »Normalgewicht« einiger Arten typischer Größe findet man im Kapitel Krankheiten auf Seite 116. Auch wenn das Körpergewicht bei normalem Ernährungszustand innerhalb einer Art unterschiedlich sein kann, ist besonders für den wenig Erfahrenen das »Wiegen« eine gute Methode, um sich beim Kauf von importierten Papageien vor dem Erwerb eines ausgemergelten Exemplares zu schützen.

Der Kauf von Zuchttieren

Beim Kauf von Papageien für Zuchtversuche ist neben einem guten allgemeinen Gesundheitszustand besonders auf ihre Füße zu achten. Ein größerer Papagei, der einmal bei einem Unfall eine Klaue verlor, oder dem bei einem Streit mit einem Artgenossen eine Zehe abgebissen wurde, kann auch mit solchen Schäden, die ihn ja nur wenig behindern, ein netter Hausgenosse sein. Dagegen hat es sich gezeigt, daß Männchen mit Fußschäden häufig nicht in der Lage sind, eine Paarung, bei der sie sich ja mit beiden Füßen festhalten müssen, zu vollziehen.

Wichtig: Unabhängig davon, ob bei einem Papageienkauf an Zuchtversuche gedacht wird oder nicht, muß immer beachtet werden, daß Papageien möglichst paarweise, oder zumindest zu zweien gehalten werden sollten. Bei diesen sozialen und intelligenten Vögeln läßt sich eine Einzelhaltung nur verantworten, wenn der Pfleger so viel Zeit zur Verfügung hat, seinem Pflegling den Partner zu ersetzen. Häufig wird, falls kein Partner der eigenen Art zur Verfügung steht, auch ein Papagei einer anderen etwa gleichgroßen Art als Gesellschaft angenommen. Manchmal verträgt sich beispielsweise ein Graupapagei gut mit einer Amazone oder einem kleineren Kakadu. Besonders, wenn noch junge Vögel aneinander gewöhnt werden können, ist eine solche Vergesellschaftung selten ein Problem. Bei älteren Vögeln muß im einzelnen Fall ausprobiert werden, wie artungleiche Vögel miteinander auskommen.

Die Eingewöhnung der Vögel

Neuerworbene Papageien oder Sittiche bringt man zunächst möglichst einzeln unter. Auf den Käfigboden legt man Papier, um den abgegebenen Kot kontrollieren zu können. In eine Voliere sollte man das Tier nur setzen, wenn sie frei von anderen Vögeln ist. Im eigenen Interesse und im Interesse des erworbenen Papageien sollte man daran denken, daß der Vogel krank sein kann. Man sollte ihn daher anfänglich genau beobachten; dies ist besonders bei importierten Tiere wichtig.

Falls man beabsichtigt, größere Papageien auf einem Kletterbaum oder in ähnlicher Weise frei in der Wohnung zu halten, sollten sie nicht sofort so untergebracht werden. Papageien, deren Flügel beschnitten sind, können auch bei Tageslicht nach einigen Tagen erstmals den Käfig verlassen, um mit der näheren Umgebung etwas näher vertraut zu werden. Papageien mit unbeschnittenen Flügeln, also Vögel im vollen Besitz ihres Flugvermögens, sollte man dagegen zunächst nur am Abend bei Kunstlicht zum ersten Male aus dem Käfig lassen.

Papageien sollten möglichst paarweise gehalten werden.

Papageien lernen zwar meist schnell, die Begrenzung, die eine Glasscheibe darstellt, zu erkennen. Der noch nicht voll eingewöhnte Vogel aber fliegt unweigerlich auf den Lichteinfall zu und prallt bei Tageslicht gegen die Fensterscheibe. Besonders langschwänzige Arten, wie Halsbandsittiche, Pflaumenkopfsittiche und ähnliche, erreichen schon nach wenigen Flügelschlägen eine hohe Geschwindigkeit und können beim Aufprall eine gewöhnliche Fensterscheibe durchschlagen. Ein Glasschaden für den Eigentümer des Papageien und eine Gehirnerschütte-

Graupapageien und große Kakadus können über 90 Jahre alt werden.

rung für den Vogel sind die Folgen. Selbst bei an Menschen gewöhnten, aber etwas schreckhaften Vögeln wie etwa Nymphensittichen ist beim ersten Ausflug in eine noch unbekannte Umgebung Vorsicht geboten. Zwar verläuft ein Zusammenstoß mit einer Fensterscheibe für den Vogel meist glimpflich, aber es ist auch schon vorgekommen, daß sich Tiere dabei das Genick gebrochen haben.

Gefüttert wird anfänglich nur im Käfig, wenn dieser als ständiges Nachtquartier gedacht ist, oder auf dem Kletterbaum, wenn beabsichtigt ist, den Vogel hauptsächlich dort zu halten.

Falls der Neuankömmling etwas schreckhaft ist, so sollte man sich ihm nicht aufdrängen. Mit etwas Geduld gewöhnen sich die meisten Papageien schnell an die neue Umgebung, lernen die Mitglieder der Familie kennen und sie auch bald von anderen Personen zu unterscheiden. Wird im Heim ein Hund gehalten, ist auch dieses fast nie ein Problem, wenn er gut erzogen ist.

Wie alt wird ein Papagei?

Der Kauf eines größeren Papageis kann durchaus eine Anschaffung fürs Leben sein; das sollte man bedenken, bevor man einen solchen Vogel erwirbt. Ganz allgemein werden Vögel, wenn sie keinem Unfall zum Opfer fallen, älter als man für gewöhnlich annimmt. Papageien gehören zweifellos zu den Vogelgruppen, die das höchste Alter erreichen können.

Bei Papageien besteht ein eindeutiger Zusammenhang zwischen Lebenserwartung und Größe: Die größten Arten erreichen in der Regel auch das höchste Alter. Der Begriff »Größe« ist hier nicht unbedingt als Körperlänge zu verstehen, da beispielsweise Aras durch ihre langen Schwanzfedern eine große Länge erreichen, das Körpervolumen von großen Kakaduarten aber häufig höher ist. Aber die Frage ist ja: Wie alt können Papageien werden?

Es fehlt zwar nicht an Berichten über Tiere, die angeblich 100 Jahre und älter geworden sind. Untersucht man derartige Angaben näher, so stellt sich heraus, daß die meisten genausowenig kontrollierbar sind wie die über menschliche Altersrekorde in einem abgelegenen Gebiet.

Es gibt jedoch einige belegbare Angaben, die größere Kakadu-Arten und afrikanische Graupapageien betreffen, daß zumindest diese Vögel über 90 Jahre alt werden können. Den Altersrekord hält wahrscheinlich ein großer Gelbhaubenkakadu, der nachweislich 96 Jahre in einer dänischen Artistenfamilie lebte, vom Vater auf den Sohn vererbt wurde und mit verschiedenen Mitgliedern besagter Familie in Varietévorstellungen auftrat. Auch bei Graupapageien sind einige ähnlich belegte Fälle bekannt. Aber derartig alte Vögel sind seltene Ausnahmen.

Staffelt man die Lebenserwartung in etwa nach der Größe, so werden Wellensittiche nur selten älter als etwa zehn Jahre, auch wenn nachprüfbare Angaben über Exemplare vorliegen, die 15 bis 16 Jahre alt geworden sind. Bei Sperlingspapageien sind mehr als 15 Jahre alte Vögel sehr selten. Unzertrennliche können bis zu 20 Jahre alt werden; es sind einzelne Exemplare von Rosenköpfchen bekannt, die noch älter geworden sind. Ein erstaunlich hohes Alter können Nymphensittiche erreichen; unter ihnen sind zwanzig und noch mehr Jahre alte Exemplare nicht selten.

Von größeren Arten liegen Angaben vor, die sich durch die Beringung der nestjungen Vögel eindeutig belegen lassen. Ein Alter von 30 bis 35 Jahren bei Alexandersittichen und Chinasittichen konnte so nachgewiesen werden. Groß ist die Anzahl der Amazonen, Graupapageien und verschiedenen Kakadus, die an zoologischen Gärten bereits seit 50 Jahren gehalten werden. Dagegen erreichen die großen Aras, mit Ausnahme von einigen Exemplaren des Hyazintharas, nur selten ein solches Alter; die meisten werden kaum älter als etwa 30 Jahre.

Richtige Unterbringung

Käfige

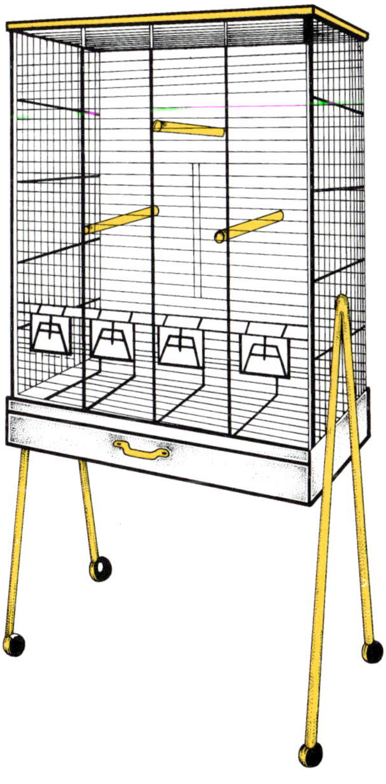

Großer, querverdrahteter Papageienkäfig. Papageien können jedoch auch am senkrechten Gitter gut klettern.

Für kleinere Arten findet man Drahtkäfige in geeigneten Größen im Standardsortiment zoologischer Spezialgeschäfte. Wichtig ist es, beim Käfigkauf zu beachten, daß ein Käfig oft zu klein, aber nie zu groß sein kann.

Oft findet man in der Literatur die Angabe, daß die Gitterstäbe in Käfigen für Papageien waagerecht liegen sollen, da Papageien angeblich in solchen »querverdrahteten« Käfigen besser am Gitter klettern können. In der Praxis ist dieser Hinweis jedoch kaum von Bedeutung, da fast alle Papageienvögel vom Wellensittich bis zum Großpapagei auch an senkrechten Gitterstäben meist ausgezeichnet klettern.

Das Unterteil handelsüblicher Drahtkäfige besteht heute oft aus einem härteren Kunststoffmaterial. Es ist zu beachten, daß Kunststoff auf die Dauer den Schnäbeln größerer Papageien nicht standhält. Käfige für alle mittelgroßen und großen Tiere sollten daher mit Ausnahme der Sitzstangen in allen Teilen aus Metall bestehen.

Zur zeitweiligen Unterbringung eines Graupapageis, einer Amazone oder von Papageien ähnlicher Größe reicht ein Käfig mit einer Bodenfläche von 45 × 45 cm und einer Höhe von 60–70 cm aus. Wenn ich hier von zeitweiliger Unterbringung spreche, so bedeutet das, daß diese Größe ausreicht, wenn der Papagei seinen Käfig regelmäßig verlassen kann, sonst nicht!

Sitzstangen oder Äste?

Sitzstangen im Käfig sollten immer aus Holz bestehen, auch wenn man damit rechnen muß, daß sie bald angeknabbert oder auch vollständig zerstört werden. Das Benagen und Zerbeißen von Holz ist für die normale Abnutzung des Schnabels von größter Wichtigkeit; deshalb ist es grundsätzlich verkehrt, sie durch festeres Material (etwa Metallrohre) zu ersetzen. Das haltbarste Holz für Sitzstangen, das selbst den Schnäbeln großer Kakadus und Aras lange widersteht, stammt von luftgetrockneten Stämmen großer Wacholderbüsche, die sich aber leider nicht überall beschaffen lassen. Aber auch Sitzstangen aus luftgetrockneten Ästen von Buchen und Eichen sind ziemlich beständig. Es ist jedoch empfehlenswert, immer Reservesitzstangen bereitzuhalten, da große Papageien durchaus den Ast abnagen können, auf dem sie selber sitzen.

Der Durchmesser der Sitzstangen sollte so groß sein, daß der Fuß des Papageis sie zu gut zwei Dritteln ihres Umfan-

Es ist wichtig, daß der Durchmesser der Sitzstangen nicht zu klein ist.

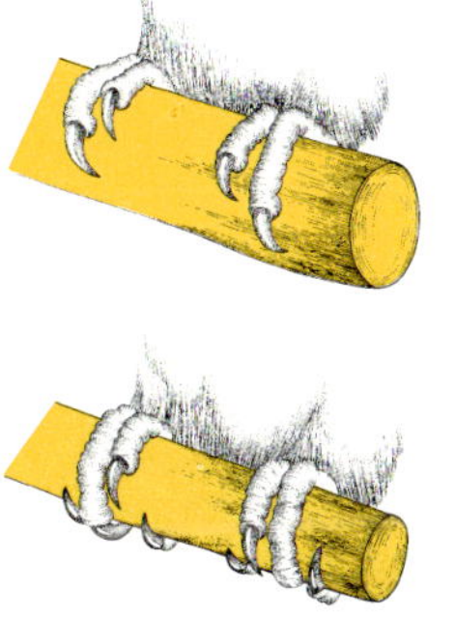

Gut zur Unterbringung von Papageien ist eine Zimmervoliere mit Brutkästen geeignet.

ges umspannt. Auf diese Weise liegen die Klauenspitzen des ruhenden oder schlafenden Vogels auf dem Holz der Sitzstange und nutzen sich so ab. Sind die Sitzstangen zu dünn, liegen die Spitzen der Krallen frei, was übermäßiges Wachstum zur Folge hat, das dann durch regelmäßiges Schneiden korrigiert werden muß.

Futter- und Wasserbehälter

Futter- und Trinkwasserbehälter sollten in Käfigen, die für größere Papageien bestimmt sind, möglichst aus rostfreiem Stahl angefertigt sein. Zwar halten gute Steingutnäpfe den Schnäbeln auch größerer Papageien stand; man findet diese wesentlich billigeren Trinkwasser- und Futtergefäße jedoch kaum noch im Fachhandel.

Bei der Haltung von Nymphensittichen, Unzertrennlichen und anderen Arten vergleichbarer Größe können die mit dem Käfig gelieferten Näpfe verwendet werden. Die zugehörigen Sitzstangen sind jedoch für Wellensittiche oder Kanarien bestimmt und sollten gegen etwas dickere ausgewechselt werden. Für Nymphensittiche und ähnliche Vögel sollten Sitzstangen einen Durchmesser von etwa 15 mm haben.

In Käfigen und Volieren sollte man Sitzstangen und andere Sitzgelegenheiten immer so anbringen, daß Trinkwasser- und Futtergefäße nicht durch herabfallenden Kot verunreinigt werden können. In Volieren sollte beachtet werden, daß die Futter- und Trinkwasserversorgung von der Volierentür aus erfolgen kann, so daß die Vögel so wenig wie möglich gestört werden.

Die Zimmervoliere

Bei Volieren wird zwischen Zimmervolieren und Freilandvolieren unterschieden. Wenn in Freilandvolieren ganzjährig Papageienvögel gehalten werden sollen, müssen sie mit einem Schutzhaus versehen sein.

Eine Voliere ist ein Flugkäfig, der so groß ist, daß seine Bewohner ihre Flügel gelegentlich zu einem, wenn auch kurzen, Flug ausstrecken können. Wie groß eine Voliere sein sollte, ist von der Größe der Vögel abhängig, die darin gehalten werden sollen. Leider ist besonders in Händler- und Herstellerprospekten der Begriff Voliere nicht frei von »inflationistischen Tendenzen«. Wenn von einem Hersteller, wie geschehen, eine »Voliere für zwei Amazonen« mit den Maßen 68 × 70 ×

100 cm angeboten wird, so ist das schlechthin eine falsche Warenbezeichnung. Ein Käfig dieser Größe könnte, wenn er zweckentsprechend vergittert wäre, möglicherweise als Voliere für 10–12 cm lange Sperlingspapageien angeboten werden. Die Unsitte, fast jeden etwas größeren Käfig als Voliere zu bezeichnen, ist leider auch im Fachhandel sehr verbreitet.

Bau einer Zimmervoliere

Am einfachsten gestaltet sich der Bau einer festen Zimmervoliere, wenn sie in einer Zimmerecke angelegt werden kann. Auf diese Weise hat die Voliere bereits zwei feste Wände. Wenn sie sich nach oben bis zur Zimmerdecke erstreckt, brauchen nur zwei Seiten vergittert zu werden. Da aber die meisten Papageien die Wände anknabbern und sich dabei keineswegs mit den Tapeten begnügen, müssen sie geschützt werden.

Als Wandschutz kommt eine Verkleidung mit dünnstem Dachdeckerblech oder mit Melaminharzplatten in Frage, die unter der Bezeichnung »Resopal« von Firmen geführt werden, die Schreinereibedarf und Baumaterialien verkaufen. Normalerweise werden Resopalplatten zur Beschichtung von Küchenmöbeln verwendet. Gegenüber Blech haben sie den Vorteil, daß sie nicht gestrichen zu werden brauchen und daß es sie in einer großen Farb- und Musterauswahl gibt. Zu diesen Platten gibt es auch passende Metallprofilleisten, die ihre Befestigung an der Wand erleichtern.

Oft ist es jedoch ratsam, die Wandverkleidung einem Fachmann zu überlassen. Das Schneiden des Blechs oder der Resopalplatten ist nur mit den dafür bestimmten Spezialwerkzeugen möglich, deren Anschaffung für den Bau einer einzigen Voliere sich auch für eine handwerklich geschickte Person kaum lohnt.

Nachdem der Wandschutz angebracht worden ist, werden die Rahmenkonstruktion der Voliere mit den Wänden fest verbunden und der Volierenboden mit Blech belegt. Nur für wenige der kleineren Sittiche darf der Rahmen der Voliere aus Holz bestehen. Oft ist es besser, sogenanntes Vierkantrohr zu verwenden. Vierkantrohr wird häufig für Lagerstellagen und ähnliches verwendet; man erhält im Eisenhandel verschiedene Verbindungsstücke, mit denen die Rohre ohne Schrauben oder Verschweißungen zusammengefügt werden können. Ein Metallrahmen hat den Vorteil, daß die Voliere auch jederzeit mit Arten besetzt werden kann, die dafür bekannt sind, Holzkonstruktionen schnell zu zerstören. Dabei handelt es sich durchaus nicht immer um die größten Papageien; auch etliche der kleineren Arten, wie etwa die Keilschwanzsittiche der Gattung *Aratinga*, sind Holzzerstörer ersten Ranges.

Der Rahmen der Voliere sollte möglichst aus Metall bestehen.

Für die Gitterbespannung wählt man am besten punktgeschweißtes, verzinktes Gittergewebe, das in Rollen von 1 oder 1,2 m Breite über den Eisenhandel, Baumärkte und Spezialgeschäfte für Vogelhalter-Bedarf bezogen werden kann. Bei diesem Drahtgewebe ist jede Masche einzeln verschweißt, so daß sich die Drähte des Gewebes nicht verschieben können. Verschiedene Drahtstärken und Maschenweiten sind erhältlich.

Die Tür der Voliere sollte man nicht zu klein wählen, damit Sitzstangen, Kletterbäume und andere Einrichtungsgegenstände leicht ausgewechselt werden können. Auf Schleusentüren, wie sie für Freilandvolieren zu empfehlen sind, kann man bei Zimmervolieren verzichten, wenn man sich strikt daran hält, Fenster und Türen zu schließen, bevor man die Volierentür öffnet.

Für kleinere Arten können auch Zimmervolieren verwendet werden, die in Form von vorgefertigten Teilen über den Fachhandel bezogen werden können.

Freilandvolieren mit gemeinsamem Schutzhaus, das Innenvolieren und einen Wartungsgang enthält (rechts ein Grundriß).

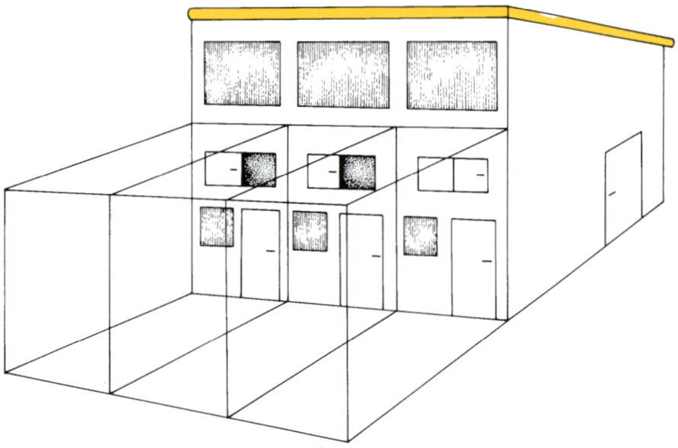

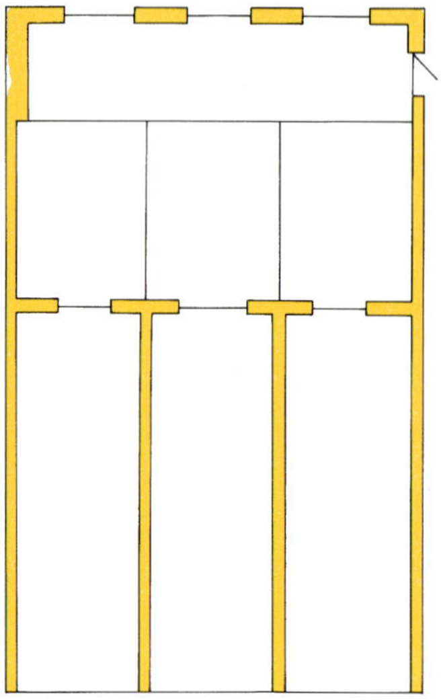

Freilandvolieren

Eine Freilandvoliere unterscheidet sich in ihrer Grundkonstruktion nur wenig von einer Zimmervoliere; bei ihrer Anlage müssen jedoch einige wichtige Punkte in bezug auf Standort und Baumaterial beachtet werden.

Freilandvolieren für exotische Vögel sollten bei zentraleuropäischen Klimaverhältnissen möglichst mit einem Schutzhaus und einer zusätzlichen geschlossenen Seitenwand versehen sein. Nur in Gegenden mit besonders günstigem Klima ist eine Ausnahme von dieser Regel bei der Haltung besonders klimaharter Arten denkbar. Eine geschlossene Seitenwand kann beispielsweise aus Drahtglas bestehen. Einfacher und billiger ist es, von außen, in einem Abstand von einigen Zentimetern, einen Schutz aus glasfaserarmiertem Plastikmaterial anzubringen.

Kann die Lage der Voliere in Hof oder Garten so gewählt werden, daß Schutzhaus und geschlossene Wand den Zutritt kalter Winde aus Nord und Ost verwehren, so ist der Standort ideal. Die Anlage der Voliere an einer bereits vorhandenen Wand eines anderen Gebäudes erleichtert den Bau und senkt die Gestehungskosten deutlich.

Das Schutzhaus

Für eine Voliere, in der die Vögel nur zeitweilig während der wärmeren Jahreszeit gehalten werden sollen, genügt ein überdachtes offenes Schutzhaus mit drei geschlossenen Wänden, das zur Voliere hin geöffnet ist.

Erhält die Voliere ein geschlossenes Schutzhaus mit entsprechend isolierten Wänden, so können auch tropische Arten ganzjährig dort verbleiben. Dünne, aber hervorragend isolierende Wände können aus Holzpaneelen, einer Einlage aus 4–6 cm dickem Styropor und blechgeschützten Spanplatten als Innenverkleidung errichtet werden. Nach den Erfahrungen des Verfassers hat sich diese Bauweise selbst in harten skandinavischen Wintern bestens bewährt. Kleine, gut isolierte Schutzhäuschen lassen sich mit einem erstaunlich geringen Energieaufwand beheizen. Oft reichen schon ein Infrarotstrahler oder eine Kohlefadenlampe als Wärmequelle aus. Für etwas größere Anlagen haben sich auch mit einem Thermostat versehene elektrische Heizkörper, wie sie für Pumpenhäuser, Lagerkeller für Knollenfrüchte und ähnliche Zwecke verwendet werden, auch unter härteren klimatischen Bedingungen bestens bewährt. Andere Heizungsmöglichkeiten sind aufwendiger und setzen eine ständige Wartung voraus, etwa, daß man im eigenen Hause wohnt und im direkt daneben liegenden Schutzhaus einen an die Zentralheizung angeschlossenen Heizkörper installieren kann.

Im zur Voliere gehörenden Schutzhaus wird der Raum so unterteilt, daß ein kleiner Raumabschnitt gleich hinter der Außentür als Schleuse und als Aufbewahrungsort für etwas Futter und notwendige Geräte zur Verfügung steht. Natürlich kann bei richtiger Planung ein Schutzhaus für mehrere Außenvolieren errichtet werden.

Die Sicherung der Voliere gegen Tiere

Zur Sicherung der Voliere gegen Ratten, Marder, Katzen und Füchse gibt es zwei Möglichkeiten. Ideal ist es, wenn die Voliere einschließlich des Schutzhauses auf einem Betonfundament oder auf einer Betonplatte errichtet werden kann. Ein solches Fundament sollte mindestens einen Meter tief in den Erdboden reichen, es sei denn, daß man schon früher auf natürlichen Felsgrund stößt. Einfacher ist es, etwa zehn Zentimeter unter dem Boden von Voliere und Schutzhaus ein galvanisch verzinktes Eisengitter einzulegen. Derartige Gitter von guter Qualität haben, wenn sie unter der Erde liegen, eine Lebensdauer von 10 bis 15 Jahren und müssen nach dieser Zeitspanne erneuert werden.

Die Größe der Außenvoliere

Bei benachbarten Volieren mit gemeinsamem Schutzhaus stellt der Bedienungsgang eine gute Schleuse dar, um ein Entkommen von Vögeln effektiv zu verhindern. Die Außenvolieren werden am zweckmäßigsten nebeneinander angelegt. Dabei sollte die Außenvoliere besonders für fluggewandte Arten, wie etwa Rosellas und ähnliche, möglichst lang sein, so daß die Vögel ihre Flügel wirklich ausstrecken können, während die Breite der Voliere keine besondere Rolle spielt. Dieses sei nur als Beispiel dafür genannt, daß die Form der Voliere und ihre Einrichtung den Bedürfnissen der darin zu haltenden Arten angepaßt werden sollte. Die Angaben sind lediglich als allgemeine Hinweise und Anregungen aufzufassen. Die klimatischen Bedingungen, die lokalen Verhältnisse, aber auch die speziellen Ansprüche der zu haltenden Arten sollten immer berücksichtigt werden.

Die Höhe der Voliere sollte 2,5 m nicht überschreiten, da die Vögel sonst schwer einzufangen sind.

Als eine allgemeine Regel sei noch erwähnt, daß die maximale Höhe einer Voliere 2,5 m möglichst nicht überschreiten sollte. Es ist kaum zu vermeiden, daß einmal ein Vogel in der Voliere mit einem Fangkescher gefangen werden muß. Bei allzu hohen Volieren kann das sehr schwierig werden, besonders, wenn es sich um ein Exemplar einer gut fliegenden Art handelt.

Da normalerweise das Schutzhaus oder sein Bedienungsraum als Schleuse dienen, kann auf Schleusentüren an den Außentüren der Voliere verzichtet werden. Nur wo ins Freie führende Türen häufig benutzt werden müssen, sind besonders bei Haltung gut fliegender Arten Schleusentüren, also Doppeltüren mit 40–50 cm Zwischenraum, angebracht.

Das Material der Freilandvoliere

In bezug auf die Materialauswahl sei lediglich vermerkt, daß Freilandvolieren möglichst vollständig aus verzinktem Vierkantrohr und verzinktem Gittergewebe bestehen sollten. Falls Holz überhaupt für den Volierenbau verwendet wird, ist es mit einem garantiert ungiftigen Imprägniermittel zu behandeln. Keinesfalls darf sogenanntes »druckimprägniertes Holz« benutzt werden, wie es häufig für den Bau von Gartenpavillons verwendet wird. Es enthält Gifte, die für die am Holz knabbernden Papageien und Sittiche tödlich sein können.

Zum Bau von Volieren dürfen nur garantiert ungiftig imprägnierte Hölzer verwendet werden!

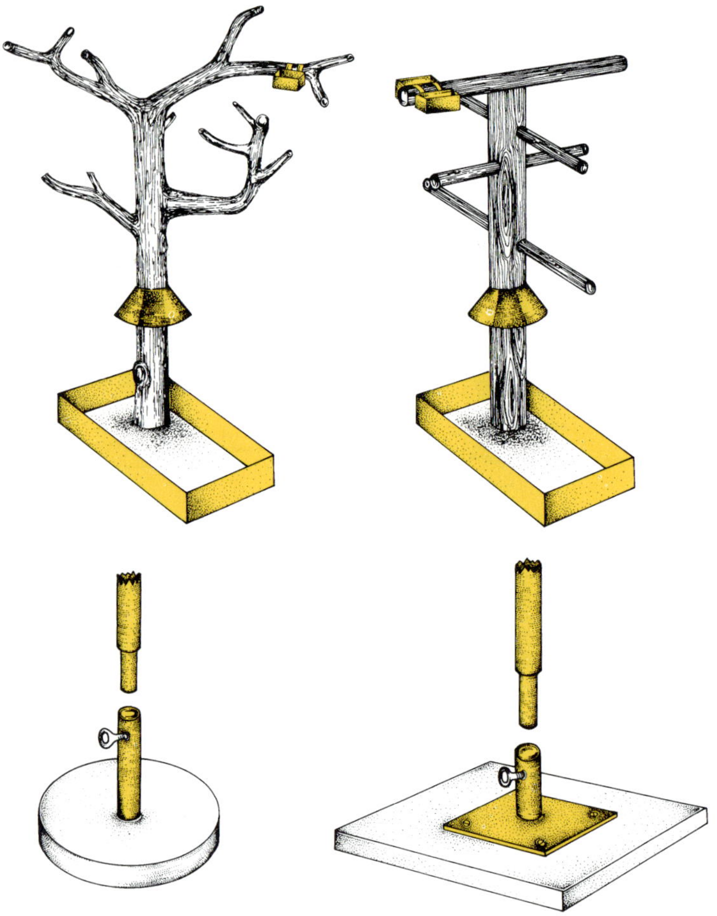

Zur Befestigung von Kletterbäumen oder -gestellen eignen sich schwere Ständer für Gartensonnenschirme oder mit Sand gefüllte Kästen. Eine Blechmanschette verhindert das Herabklettern des Vogels.

Kletterbaum und Freisitz

Die zeitweilige oder dauernde Unterbringung auf einem Kletterbaum ist eine reizvolle Möglichkeit, größere Papageien zu pflegen. Besonders langschwänzige Arten, wie etwa Aras, zerschleißen sonst in Käfigen oft ihre prächtigen Federn.

Als Kletterbaum eignen sich gut verzweigte, grobe Äste härterer Hölzer, beispielsweise von Eichen, Buchen oder Ahorn. Erstaunlich gut halten auch die Spitzen älterer Föhren. Größe und Umfang eines Kletterbaumes sind natürlich vom vorhandenen Platz abhängig. Wichtig ist weiterhin, daß der Fußboden unter dem Kletterbaum durch dickes Papier, Plastikfolie oder ähnliches vor Verunreinigungen geschützt wird.

Das untere Ende des Kletterbaumes wird in einer schweren Bodenplatte fest verankert. Gut geeignet sind schwere Haltevorrichtungen für große Gartenschirme. Notfalls kann auch ein mit schweren Steinen gefüllter Behälter verwendet werden. Das untere Ende des Baumes wird zwischen den Steinen eingekeilt; die Zwischenräume füllt man bis zum oberen Rand des Behälters mit Sand auf. So wird vermieden, daß Kot oder Futterreste zwischen die Steine fallen. Es ist jedoch keineswegs sicher, daß ein Papagei lange auf einem Kletterbaum bleibt, wenn seine Flügel nicht beschnitten sind. Unter entsprechender Aufsicht können Käfig und Kletterbaum aber kombiniert werden. Bei einem eingewöhnten Tier bereitet ein Umsetzen vom Käfig auf den Kletterbaum oder umgekehrt kaum Schwierigkeiten.

Die Unterbringung von Vögeln mit beschnittenen Flügeln auf einem Kletterbaum ist unproblematisch, wenn er etwa einen Meter über dem Boden mit einem konischen Blechschirm versehen wird, der den Papagei daran hindert, ihn nach unten kletternd zu verlassen. Einmal eingewöhnt, bleiben manche Papageien auch dann auf dem Kletterbaum, wenn ihre Flügelfedern nachgewachsen sind.

Bei der Aufstellung des Kletterbaums in einer Zimmerecke ist es ratsam, einen Wandschutz anzubringen. Ständig auf dem Kletterbaum gehaltene Papageien müssen auch dort gefüttert werden. Beim Fressen zeichnen sie sich nicht durch »gute Tischmanieren« aus: Umhergeworfene Fruchtstückchen können leicht Flecken an den Tapeten hinterlassen.

Auch wo keine Möglichkeit besteht, einen Kletterbaum aufzustellen, sollte man Papageien bei ihren Ausflügen im Zimmer eine Sitzgelegenheit außerhalb des Käfigs anbieten. Bei sehr ruhigen Vögeln reicht oft schon eine über dem Käfigdach angebrachte Sitzstange aus. Gegenüber anderen Sitzgelegenheiten hat sie den Vorteil, daß Kot und Futterreste in den Käfig und nicht daneben fallen.

Gesunde Ernährung und Pflege

Nahrungsaufnahme- und Verdauungsorgane

Als Grundlage der richtigen Ernährung von Papageien können Kenntnisse der Funktionen ihrer Nahrungsaufnahme- und Verdauungsorgane von großem Nutzen sein. Um den Weg der aufgenommenen Nahrung zu verfolgen, beginnen wir mit Schnabel und Zunge.

Der Schnabel

Außer der bereits erwähnten Aufgabe als zusätzliche Kletterhilfe hat der Schnabel die Aufgabe, Samenhülsen und Nußschalen zu öffnen sowie Früchte, Knospen und ähnliches zu zerkleinern, so daß sie gefressen werden können. Dementsprechend kräftig ist der Schnabel fast aller Papageien; der mögliche Druck zwischen Ober- und Unterschnabel ist bedeutend. Bei Papageien ist die Knochenunterlage des Oberschnabels fest mit ihm verbunden. In dieser Schnabelunterlage befinden sich auch die Nasenlöcher. Mit dem Schädelknochen ist die Knochenunterlage des Oberschnabels durch ein sinnreiches Gelenksystem beweglich verbunden. Bedingt durch diese Gelenkkonstruktion, ist der Oberschnabel im Verhältnis zum Schädelknochen beweglich, was sich gut beobachten läßt, wenn ein Papagei gähnt und der Vogel seinen Oberschnabel »hochklappt«. Ein besonderes Gleitgelenk zwischen Ober- und Unterkiefer ermöglicht auch Bewegungen des Unterschnabels sowohl in vertikaler als auch horizontaler Richtung.

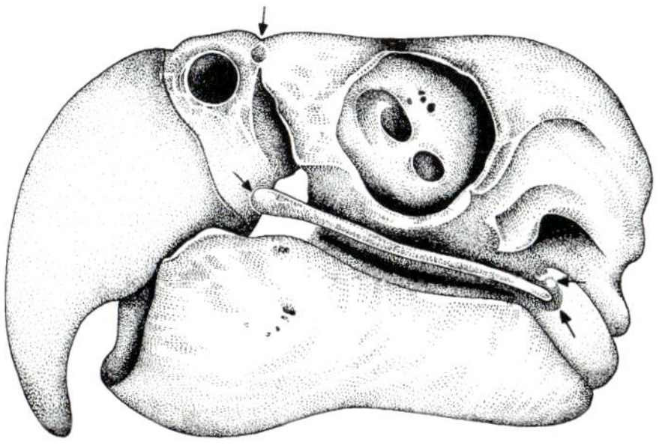

Der Oberschnabel von Papageien ist nicht starr mit dem Kopfskelett verbunden. Die Pfeile zeigen die gelenkigen Verbindungen.

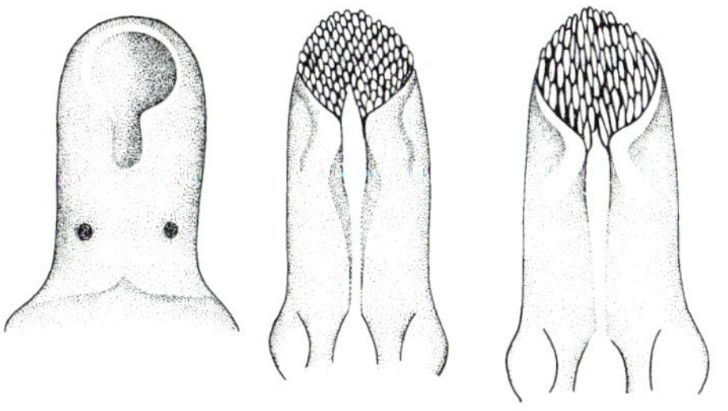

Die Papageienzunge ist der Hauptnahrung der betreffenden Art angepaßt. Links die Zunge eines Graupapageis, in der Mitte die Pinselzunge eines Bergloris, rechts die des Bergloris mit geschwollenen Papillen zur Nektaraufnahme.

Die Zunge

Die Zunge ist ein hochgradig an die bevorzugte Nahrung angepaßtes Organ, das die Arbeit des Schnabels bei der Nahrungsaufnahme unterstützt. So haben überwiegend Körner fressende Papageien eine feste, fleischige und verhältnismäßig dicke Zunge, die dem Schälen von Körnern dient. Bei Arten mit speziellen Futteransprüchen, wie etwa den Loris, ist die Zunge als eine für die Aufnahme von Nektar geeignete »Pinselzunge« ausgebildet.

Der Kropf

Zahlreiche Speicheldrüsen in der Mundhöhle erleichtern den Transport der aufgenommenen Nahrung durch die Speiseröhre. Im Bereich des Halses erweitert sich die Speiseröhre zum Kropf, der der Lagerung wie auch dem Aufweichen der aufgenommenen Nahrung dient. Bei Papageien besteht der Kropf aus zwei Hälften, von denen bei der Nahrungsaufnahme zunächst die linke Hälfte gefüllt wird. Erst danach wird auch Nahrung in die rechte Hälfte aufgenommen.

Im Verdauungstrakt eines Papageis passiert das Futter Kropf, Drüsen- und Muskelmagen, bevor es den Darm erreicht. Der Darm ist verkürzt abgebildet.

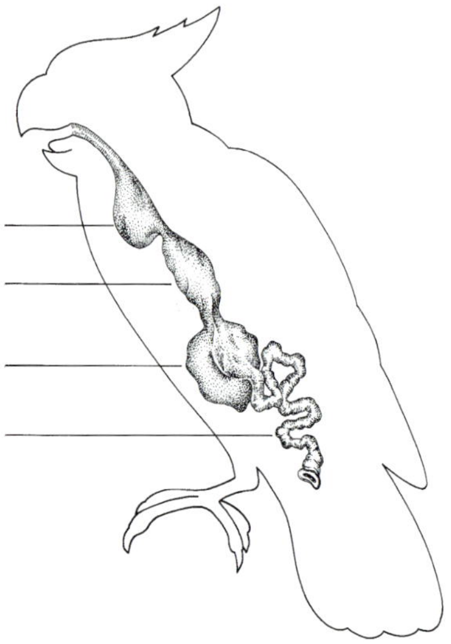

Der Drüsenmagen

Kleine Futterpartikel und Flüssigkeiten gelangen über die zwischen den Kropfhälften hindurchführende »Kropfstraße« direkt in den Vormagen. Die wichtigste Aufgabe des Vormagens ist die Produktion von Verdauungssäften, wie Salzsäure, Pepsin und verschiedener Enzyme, die von Drüsen gebildet werden.

Der Muskelmagen

Nachdem die Nahrung mit den Verdauungssäften durchmischt wurde, gelangt sie in den Muskelmagen, der bei Papageien, die sich vorwiegend von Sämereien ernähren, gut entwickelt ist. Der Muskelmagen besteht aus zwei sich gegenüber liegenden Muskelhälften, zwischen denen die vorbereitete Nahrung zerrieben wird. Eine rauhe, hornhautähnliche Reibeschicht sorgt für effektive Feinverteilung; oft unterstützen aufgenommene Sand- und Gruskörner, die im Muskelmagen wie Mahlsteine wirken, diesen Prozeß. Die Vorgänge im Muskelmagen sind also nicht nur chemisch-physiologischer, sondern auch mechanischer Natur. Die normale Verdauung ist daher neben der Aufnahme von Nahrungsstoffen auch von der Aufnahme sogenannter Ballaststoffe, wie Rohfasern, Sand- und Gruspartikeln, und ähnlichem abhängig.

Der Darm

Nachdem der Muskelmagen seine Vorbereitungsarbeit beendet hat, gelangt die feinverteilte und mit Verdauungssäften durchsetzte Nahrung in den Dünndarm. Im oberen Teil des Dünndarms befinden sich die Ausgänge von Bauchspeicheldrüse und Galle. Im Dünndarm sorgen zahlreiche Auffaltungen (Zotten) für die Aufnahme und Weiterführung der Nahrungsstoffe an den Gesamtorganismus. Im Enddarm wird dem verbleibenden Rest der größte Teil der Flüssigkeit entzogen; er wird schließlich als Kot ausgeschieden. Da aber in der Kloake der Darmausgang in unmittelbarer Nähe der Urogenitalöffnung liegt, wird gleichzeitig mit dem Kot oft auch Urin abgegeben.

Die Futtermittel

In der Natur steht den meisten Papageien eine abwechslungsreiche Kost zur Verfügung; es kommt nur selten vor, daß sie über einen längeren Zeitraum von den gleichen Futterstoffen leben. Selbst manche australische Sittiche, die fast ausschließlich von den Samen gewisser Gräser leben, fressen die Grassamen in unterschiedlicher Form, also sowohl grün, reif oder auch keimend. In Zeiten, in denen die Samen knapp sind, nehmen sie vorübergehend auch grüne Pflanzenteile sowie weiche Rinde von Ästen und Zweigen auf. Sittiche mancher Arten fressen gelegentlich auch Insekten.

Arten, die vorzugsweise in Baumsteppen, subtropischen Laubwäldern oder Kulturlandschaften zu Hause sind, finden fast zu jeder Jahreszeit ein vielseitiges Nahrungsangebot. In noch höherem Maß gilt das für die Bewohner tropischer Regenwaldgebiete, wo reichliche Niederschläge und gleichmäßige, hohe Temperaturen einen ununterbrochenen Pflanzenzuwachs und eine entsprechende Frucht- und Samenbildung begünstigen. Sieht man von einigen Ausnahmen, wie etwa Loris, Feigenpapageien und wenigen Sittichen ab, die die Samen gewisser Nadelhölzer fressen, so sind ausgesprochene Nahrungsspezialisten unter Papageien eher selten. Die meisten von ihnen ernähren sich von einer abwechslungsreichen Kost, die aus den verschiedensten Sämereien, einschließlich Nüssen, Früchten und grünen Pflanzenteilen besteht.

Wie alle anderen Tiere benötigen auch Papageien die Grundnahrungsstoffe Protein (Eiweiß), Fett und Kohlenhydrate. Außerdem sind sie auf Vitamine, Mineralstoffe und gewisse Spurenelemente angewiesen. Der Bedarf an den verschiedenen Grundnahrungsstoffen kann von Art zu Art unterschiedlich sein. So fressen manche Papageien vorzugsweise Sämereien mit einem hohen Fettgehalt, während andere solche mit einem hohen Gehalt an Kohlenhydraten vorziehen. Vitamine und Spurenelemente sind in der Regel in einem abwechslungsreichen Futterangebot – in dem Früchte und Grünfutter nicht fehlen dürfen – fast immer in ausreichenden Mengen vorhanden. Zusätze von Mineralstoffen, in Form von Grit oder Futterkalk sollten den Vögeln immer angeboten werden, ganz besonders während der Brutperiode.

Körnerfutter

Das Basisfutter für die meisten Papageien besteht aus einem Gemisch verschiedener Sämereien. Ihre Zusammensetzung wird den Futterwünschen entsprechender Gruppen von Arten angepaßt. So enthält ein Körnergemisch für größere Papageien auch große »Körner«, wie Sonnenblumenkerne, Erdnüsse und Kürbiskerne, während Futtermischungen für kleinere Arten meist einen hohen Anteil an verschiedenen Hirsesaaten und Kanariensamen enthalten.

Grob lassen sich die in Frage kommenden Sämereien wie folgt einteilen:

1. In Sämereien mit einem hohen Gehalt an Kohlenhydraten (Stärke und Zucker) von 55–65 % und niedrigem Fettgehalt.

2. In Sämereien mit hohem Fettgehalt (20–25 %) und geringem Gehalt an Kohlenhydraten.

Meist besteht in bezug auf den Proteingehalt zwischen Sämereien mit hohem Kohlenhydratgehalt und hohem Fettgehalt nur ein unbedeutender Unterschied. In der Regel ist er jedoch in fettreichen Sämereien etwas höher; auch die Zusammensetzung der Proteine aus den verschiedenen Aminosäuren ist meistens günstiger.

Zu den Sämereien mit einem hohen Gehalt an Kohlenhydraten gehören Getreidesorten wie Hafer, Weizen, Gerste, Reis und Mais sowie verschiedene Hirsesorten und Kanariensamen (Glanz).

Der Fruchtstand verschiedener **Hirsearten** ist unterschiedlich; man unterscheidet zwischen Rispen- und Kolbenhirsen. Die bekannteste Kolbenhirse ist die Senegalhirse, die im Fachhandel auch in Form von Hirsekolben erhältlich ist. Wegen ihrer dünnen Schalen ist sie für Jungvögel kleinerer Sittiche besonders wertvoll. Im Gegensatz zu Senegalhirse, deren Schalen matt sind, haben andere Hirsesorten wie etwa die Silberhirse blanke und dickere Schalen. Von etwa gleichem Futterwert wie Hirse ist auch Kanariensamen (Glanz).

Von den in Europa angebauten Getreidesorten ist **Hafer** bei weitem die wichtigste. Als sogenannte Haferkerne geschält gereicht, wird Hafer von fast allen kleineren Papageien und Sittichen gern gefressen. Aufgrund der besonders günstigen Zusammensetzung der in ihm enthaltenen Nahrungsstoffe ist Hafer ein sehr wertvolles Futter, das sich neben einer vorteilhaften Aminosäurezusammensetzung seiner Proteine durch einen hohen Gehalt an Vitamin B und C auszeichnet.

Weizen hat ähnliche positive Eigenschaften; da aber Weizenkörner in reifem Zustand viel härter als Haferkerne sind, wird Weizen von Papageien oft nicht gefressen.

Die meisten Papageien bevorzugen eine abwechslungsreiche Kost, die aus Sämereien, Nüssen, Früchten und grünen Pflanzenteilen besteht.

Sonnenblumenkerne stellen ein wertvolles Futter dar, sollten jedoch nicht ausschließlich gereicht werden.

Reis hat kaum Bedeutung als Papageienfutter, es sei denn gekocht als Diätfutter für kranke Vögel. Käufliche Futtermischungen für Großpapageien enthalten oft **Maiskörner**, die jedoch kaum von irgendeinem Papagei in diesem Zustand gefressen werden. Sollen Papageien Mais überhaupt annehmen, so muß er vorher aufgequollen werden. Dagegen fressen selbst kleinere Papageien halbreife Maiskörner sehr gerne.

Von den Sämereien mit hohem Fettgehalt werden **Sonnenblumenkerne** von fast allen größeren Papageien sehr gerne gefressen. Ihr Fettgehalt (ohne Schalen) beträgt 50–55 %. In Kombination mit einem Proteingehalt von zirka 20 % stellen Sonnenblumenkerne daher einen der nährstoffreichsten natürlichen Futterstoffe dar. Hinzu kommt, daß die Zusammensetzung der Aminosäuren in den Proteinen von Sonnenblumenkernen äußerst günstig und der Gehalt an Rohfasern sehr niedrig ist. Diese Eigenschaften machen Sonnenblumenkerne zu einem leichtverdaulichen und nahrhaften Futter. Die vielen guten Eigenschaften der Sonnenblumenkerne sollten jedoch nicht dazu verführen, Papageien Sonnenblumenkerne als alleiniges Körnerfutter zu geben.

Entgegen einer weit verbreiteten Auffassung bestehen kaum Unterschiede im Nahrungsgehalt zwischen Sonnenblumenkernen unterschiedlicher Färbung. Die in manchen Futtertabellen angegebenen diesbezüglichen Unterschiede beruhen vermutlich auf Verwechslungen von Analysewerten von geschälten und ungeschälten Sonnenblumenkernen.

Hanfsamen hat einen ähnlich hohen Fettgehalt wie Sonnenblumenkerne und wird besonders von kleineren Papageien und Sittichen oft gerne gefressen. Da aber Hanfsamen gewisse Giftstoffe enthalten kann, sollte er nur sparsam verfüttert werden.

Erdnüsse sind keine Nüsse, sondern gehören zusammen mit Erbsen und Linsen zu den Leguminosen (Hülsenfrüchten). Der Fettgehalt von Erdnußkernen beträgt etwa 40 %. Von größeren Papageien werden Erdnüsse meist gerne gefressen. Dasselbe gilt auch für echte Nüsse, wie Haselnüsse, Walnüsse und Paranüsse. Da aber nur die größten Arten die harten Schalen der Nüsse knacken können, muß der Pfleger diese Arbeit selber erledigen. Auch Bucheckern werden von manchen Papageien gerne gefressen.

Von den kleineren Sämereien haben außer dem bereits erwähnten Hanfsamen eventuell auch **Negersaat** sowie **Raps-** und **Rübsamen** für die kleinsten Arten eine gewisse Bedeutung. Die folgende Tabelle gibt Auskunft über den Gehalt an Grundnahrungsstoffen der wichtigsten für Papageien in Frage kommenden Sämereien.

Grüne Samenkörner in Form von halbreifen Hafer- oder Weizenkörnern lassen sich während der Sommerzeit leicht beschaffen und werden von den meisten Papageien gerne gefressen. Halbreife Weizenähren oder Haferrispen können für den Winterbedarf auch tiefgefroren aufbewahrt werden. Wer einen Garten besitzt, kann in günstigen Lagen auch Hirse säen. Noch **grüne Hirsekolben** werden sehr gerne gefressen und können auch tiefgefroren werden.

Keimfutter

Angekeimte Sämereien sind besonders für Jungvögel ein ausgezeichnetes Futter, das aber auch von den meisten ausgewachsenen Papageien gern gefressen wird. Das Keimen muß sorgfältig und unter Beachtung der Futterhygiene erfolgen, so daß jede Form der Schimmelbildung ausgeschlossen wird.

Sämereien wie Hirse, Weizen und andere werden zunächst zehn Stunden lang in kaltem Wasser eingeweicht. Nach dieser Zeitspanne werden sie in einem Sieb unter fließendem Wasser abgespült. Als Kultursubstrat verwendet man etwa einen Zentimeter dicken, etwas angefeuchteten Schaumstoff. Die vorbereiteten Sämereien werden auf diese Substratun-

Sorte	Rohprotein	Rohfett	Rohfaser	Kohlen-hydrate	Asche
Erdnüsse, geschält	26 %	41,5 %	5,5 %	10,8 %	2,4 %
Sonnenblumen-kerne, geschält	20,4 %	54,3 %	4,1 %	6 %	2,7 %
Hanfsamen	22,6 %	31 %	11,7 %	18,7 %	4,1 %
Hafer, geschält	14,5 %	6,9 %	2 %	63 %	1,9 %
Silberhirse	12,5 %	3,6 %	9 %	59 %	3,6 %
Kolbenhirse	11,5 %	4,1 %	7,2 %	62 %	3,0 %
Kürbiskerne	26 %	35 %	17,5 %	5,6 %	3,7 %
Kanariensamen	15 %	5 %	9,1 %	53 %	6,2 %
Mais	9,5 %	4,1 %	2,5 %	70 %	1,6 %
Negersaat	18,3 %	41 %	13,5 %	12,6 %	3,7 %

Der Gehalt an Asche gibt den Anteil nicht brennbare Stoffe an, die zum überwiegenden Teil aus verschiedenen Mineralstoffen bestehen.

Zusammensetzung der wichtigsten Futtermittel.

terlage gelegt und mit einer Glas- oder Plastikschale abgedeckt. Auch mit einer Glasscheibe abgedeckte Fotoschalen sind gut zum Ankeimen geeignet. Bei ihrer Verwendung kann man bei größeren Samenkörnern wie Weizen oder Sonnenblumenkernen auf die Schaumstoffunterlage verzichten.

Frucht- und Grünfutter

Frucht- und Grünfutter sollte allen Papageien täglich angeboten werden. Äpfel, Birnen, Apfelsinen, Bananen, Feigen und ähnliches reicht man in entsprechend großen Stücken. Weintrauben, Kirschen und Beeren erhalten größere Papageien als ganze Früchte. Viele Papageien fressen auch gern Gurken, Melonen und Mohrrüben. Als Grünfutter geeignet sind Salat, Rosenkohl, Endivie, Spinat und andere Gemüsesorten. Von leicht zugänglichen Wildpflanzen seien hier Löwenzahn und Vogelmiere empfohlen.

Blattknospen verschiedener Gehölze werden oft gern genommen und stellen ein wertvolles Beifutter dar. Bei manchen Gehölzen und Büschen wird auch die Rinde junger Zweige gefressen. Wichtig ist, daß man nur Knospen und Zweige von Gewächsen verfüttert, von denen man weiß, daß sie keine Giftstoffe enthalten. Hat man die notwendigen botanischen Kenntnisse nicht, so sollte man sich auf Knospen und Zweige von Obstbäumen, Linden, Pappeln und Salweiden beschränken. Besonders Zweige der Salweide werden von kleinen wie großen Papageien gerne geschält.

Außer der Aufnahme von Vitaminen und Mineralstoffen, an denen die Rinde reich ist, stellt auch das Schälen der frischen Zweige – bei dem natürlich weit mehr umhergeworfen als gefressen wird – eine ausgezeichnete »Beschäftigungstherapie« dar. Blattknospen und Zweige dürfen nur dort gesammelt oder entnommen werden, wo keine Behandlung mit Insektiziden oder anderen Bekämpfungsmitteln stattgefunden hat.

Animalisches Futter

Das wohl am häufigsten gereichte animalische Futter ist hartgekochtes Hühnerei, das von vielen, aber durchaus nicht von allen Papageien gefressen wird. Ob Papageien überhaupt animalische Futterstoffe

Gelegentlich nehmen Papageien auch animalische Futterstoffe an.

benötigen, darüber streiten sich einstweilen selbst Fachleute. Nachgewiesen ist, daß einige australische Sittiche und manche Kakadus in ihren natürlichen Vorkommengebieten zumindest zeitweise Insekten oder Insektenlarven fressen. Manche Unzertrennliche wie *Agapornis cana* und *Agapornis pullaria* fressen auch als Volierenvögel frische Ameisenpuppen. Aus Erfahrung ist bekannt, daß sowohl Amazonen als auch manche Aras direkt vor und während des Brutgeschäftes mitunter animalische Futterstoffe fressen, wenn ihnen dazu Gelegenheit gegeben wird. So knabbern sie mit sichtlichem Wohlbehagen Hundekuchen oder nagen einen Kotelettknochen ab.

Sämereien mit hohem Fettgehalt dürfen nicht zu lang gelagert werden.

Spezialisten auf dem Gebiet der Vogelanatomie und Physiologie haben schon oft darauf hingewiesen, daß die großen paarigen Blinddärme, in denen bei anderen ganz oder teilweise pflanzenfressenden Vögeln die Aufschließung der vegetabilischen Proteine erfolgt, bei Papageien fehlen und daß es daher wahrscheinlich ist, daß zumindest manche Arten unter gewissen Umständen (etwa während der Brutperiode) animalische Proteine benötigen. Es ist wichtig, daran zu denken, wenn wir uns der nächsten Rubrik zuwenden.

Was darf ein Papagei vom Speisetisch erhalten?

Unter der Voraussetzung, daß allzu scharf gewürzte oder stark gesalzene Speisen ausgeschlossen werden und die Mengen sich in Grenzen halten, darf der Papagei von unserer Nahrung alles essen, was ihm schmeckt. Rohes Fleisch und größere Mengen Käse sollte man allerdings nicht anbieten. Zwar wird Käse von den meisten Papageien gerne gefressen, doch kann es bei manchen Papageien aus bisher noch ungeklärten Gründen im Kropf oder im Vormagen zu einer Zusammenballung von Kasein kommen, die Verdauungsstörungen als Folgeerscheinung mit sich bringen.

Kontrolle des Futters

Für die Gesunderhaltung eines jeden Papageis ist es wichtig, die Futterstoffe, aus denen sich sein Speisezettel zusammensetzt, fortlaufend zu kontrollieren.

Sämereien mit einem hohen Kohlenhydratgehalt und niedrigem Fettgehalt können unter guten Bedingungen lange gelagert werden, ohne nennenswert an Qualität und Futterwert zu verlieren. Wichtig für den privaten Vogelhalter ist, daß auch diese Sämereien nicht längere Zeit in Plastiktüten oder fest verschlossenen Behältern aufbewahrt werden dürfen. Größere Mengen verwahrt man am besten, in Stoffsäckchen verpackt, frei hängend trocken und kühl auf.

Alle Sämereien mit hohem Fettgehalt, einschließlich Nüsse, können nur über kürzere Zeiträume gelagert werden, da das in ihnen enthaltene Fett früher oder später ranzig wird. Am besten kontrolliert man Sämereien mit hohem Fettgehalt mit Hilfe des eigenen Geschmacksinns, indem man einige Körnchen oder einen Kern zerkaut.

Eine Kontrollmethode, die eine zu lange oder unzweckmäßige Lagerung von Sämereien zuverlässig anzeigt, ist die Keimprobe. Dabei wird zunächst genauso verfahren, wie es bei Keimfutter angegeben wurde. Nach dieser Vorbehandlung sollten die Samenkörner zu mindestens 95 % keimen. Ist der Prozentsatz der keimenden Körner geringer, sollten die betreffenden Sämereien nicht mehr als Futter verwendet werden.

Bei Früchten und Grünfutter beschränkt sich die Kontrolle auf die Entfernung verwelkter oder fauliger Teile. Bei Schimmelbefall sind angegriffene Früchte restlos dem Mülleimer zu übergeben. Viele Schimmelpilze enthalten giftige Substanzen, und manche von ihnen können auch die Atmungsorgane der Vögel direkt infizieren.

Futtermischungen

In zoologischen Fachgeschäften sind Futtermischungen erhältlich, die in ihrer Zusammensetzung den Bedürfnissen bestimmter Gruppen von Papageien angepaßt sind, wie etwa Wellensittichfutter, Futter für mittelgroße Sittiche, Futter für Großsittiche und Futter für Großpapageien. Nicht immer entsprechen diese fertigen Futtermischungen den Wünschen der eigenen Tiere. Besonders Futtermischungen für Großpapageien enthalten häufig Sämereien wie Maiskörner oder Gerste, die kaum von irgendeinem der Vögel gefressen werden. Mais kann, wenn überhaupt, in reifem Zustand nur gekocht oder aufgeweicht und angekeimt verfüttert werden. Dagegen werden frische Maiskolben von fast allen größeren Papageien gern gefressen.

Oft erweist es sich als zweckmäßiger, eine Futtermischung für die eigenen Papageien selbst zu mischen, was besonders für eine größere Anzahl von Vögeln schon aus Kostengründen anzuraten ist.

Futtermischungen für die kleineren Arten sollen aus verschiedenen Hirsesorten, Kanariensamen und Haferkernen bestehen. Bei Mischungen, die für etwas größere Sittiche, Unzertrennliche und ähnliche bestimmt sind, werden 10–20 % Sonnenblumenkerne zugesetzt. In Mischungen für größere Papageien kann der Anteil der Sonnenblumenkerne 50–60 % betragen; neben Haferkernen wird häufig auch Weizen gern gefressen.

Futterpellets

Im Fachhandel sind heutzutage meist auch sogenannte Futterpellets – also Preßlinge – erhältlich, die in der Zusammensetzung der in ihnen enthaltenen Nahrungsstoffe genau auf das Nahrungsbedürfnis von Papageien abgestimmt sein sollen. Zwar ist der Gedanke, mit einem solchen Futtersubstrat den gesamten Nahrungsbedarf der Vögel vollständig zu decken, in der Theorie bestechend, in der Praxis aber keineswegs unproblematisch. Nicht selten verweigern besonders ältere Papageien jede Annahme von Futterpellets. Weiterhin darf nicht übersehen werden, daß normale Futteraufnahme, bei der ja beim Schälen der Körner Schnabel und Zunge sinnreich zusammenwirken, ein Teil des normalen Verhaltensmusters der Papageien ist, das bei einer einseitigen Pelletfütterung entfällt. Hinzu kommt, daß es dem privaten Papageienhalter kaum möglich ist, die Qualität von pelletiertem Futter zu kontrollieren und daß die Erfahrung gezeigt hat, daß Futterpellets bei der Lagerung sehr leicht von Schadinsekten angegriffen werden.

Wichtig ist, daß unabhängig vom Hauptfutter täglich auch Obst und Grünfutter angeboten wird. Auch hier kann man erleben, daß manche Papageien hartnäckig die Annahme unbekannten Futters verweigern. In solchen Fällen sollte der Pfleger ebenso hartnäckig sein und das gleiche Futter erneut, aber in anderer Form wieder anbieten. So verweigerte ein älterer und sehr eigensinniger Graupapagei Paprikaschoten vollständig, ganz gleich, ob sie als ganze Schote oder zerschnitten angeboten worden waren. Eine an einer Schnur aufgehängte Schote erweckte seine Neugierde jedoch und wurde zerbissen. Dabei lernte der Vogel, wie Paprikaschoten schmecken und frißt sie seitdem.

Neben dem Hauptfutter sollten täglich Obst und Grünfutter angeboten werden.

Dieses Beispiel sei genannt, um zu zeigen, daß appetitliches Servieren auch bei Vögeln appetitanregend wirken kann. Um einen Papagei anzuregen, eine ihm unbekannte Nahrung zu versuchen, genügt es oft, seine Neugierde zu erwecken. Werden mehrere Vögel zusammen gehalten, beginnt fast immer eines der Tiere den bisher unbekannten Futterstoff zu untersuchen. Beginnt er zu fressen, so folgen die anderen meist schnell seinem Beispiel.

Ergänzende Futterstoffe

Neben den bereits beim Grünfutter genannten frischen Zweigen und Knospen von Sträuchern und Bäumen sei noch einmal auf die Kolben der Senegalhirse verwiesen, die im Fachhandel als »Hirsekolben« erhältlich sind und von fast allen Papageien gefressen werden. Selbst große Papageien wie Aras und große Kakadus fressen sie gerne, wenn sie erst einmal mit diesem Futter vertraut sind, und schälen mit großer Geduld die kleinen Hirsekörnchen. Von besonderem Wert sind die dünnschaligen Körner bei der Aufzucht von Jungvögeln aller kleineren Arten.

Futter für Loripapageien

Loris benötigen als Nahrungsspezialisten ein auf ihre besonderen Bedürfnisse abgestimmtes Futter.

Das Grundfutter für Loris bereitet man aus gekochten Sämereien, die mit Honig oder Traubenzucker gesüßt werden. Daneben füttert man mit in Milch aufgeweichtem Zwieback und zerschnittene weiche Früchte. Größere Arten nehmen auch gerne ganze Beeren wie Himbeeren, Johannisbeeren oder Blaubeeren. Von den meisten Arten werden auch vollständig reife Beeren des Weißdorn (Mehlbeeren) und Hagebutten angenommen.

In der Natur leben Loris außer von Früchten, halbreifen Sämereien und Nektar auch von Blütenpollen und fressen nicht selten auch ganze, besonders nektarreiche Blüten. Als wichtiger Teil ihres Grundfutters werden meist gekochter Reis oder Mais verwendet. Als Abwechslung können auch andere Sämereien gekocht werden; manche Arten fressen auch frische Hülsenfrüchte wie etwa grüne Erbsen.

Neben dem Grundfutter gibt man allen Loris täglich eine besondere Nährlösung, die jeden Tag frisch zubereitet werden sollte. Die Lösung wird aus Brei (wie er für Kleinkinder verwendet wird), Honig und Kondensmilch in gleichen Teilen gemischt. Da Loris viel gekochte Sämereien erhalten und ein großer Teil des natürlichen Vitamingehaltes durch den Kochprozeß verloren geht, ist es zweckmäßig, der Nährlösung ein Multivitaminpräparat zuzusetzen. Man halte sich dabei an die Dosierungsvorschrift, wobei die Dosis entsprechend dem Gewicht des Vogels umgerechnet werden sollte. Allzu große Dosen fettlöslicher Vitamine wie Vitamin D können eventuell den Vögeln gefährlich werden.

Es gibt heute auch verschiedene Spezialfuttermischungen für Loris im Handel. Man muß jedoch damit rechnen, daß viele zoologische Spezialgeschäfte diese Futtermittel nicht im Standardsortiment führen und nur nach vorheriger Bestellung beschaffen können. Futter für die Aufzucht von Jungvögeln wird im Kapitel Zucht behandelt.

Pflegeroutinen

Bevor die täglichen und wöchentlichen Pflegeroutinen besprochen werden, sei auf einen für die Gesunderhaltung von Papageien sehr wichtigen Punkt aufmerksam gemacht. Genau wie andere im Hause gehaltene Vögel dürfen Papageien keiner Zugluft ausgesetzt werden. Einmal eingewöhnten Papageien schadet ein Temperaturabfall kaum, solange er nicht zu stark ist. Zugluft kann dagegen den kleinen Vogelkörper schnell abkühlen, mit Erkältungserscheinungen wie Schnupfen und Infektionen der Atemwege als Folgen.

Besonders beim Lüften ist darauf zu achten, daß die Vögel keinem Durchzug ausgesetzt werden. Falls die zugluftfreie Aufstellung des Käfigs während des Lüftens nicht möglich ist, bedeckt man den Käfig mit einer Wolldecke. Räume, in denen sich eine Voliere befindet, sollten möglichst indirekt, also über angrenzende Räume gelüftet werden.

Das Trinkwasser ist täglich zu erneuern; bei dieser Gelegenheit werden Wassernapf oder Trinkwasserautomat gründlich gereinigt. Besonders zur wärmeren Jahreszeit kann sich verunreinigtes Trinkwasser schnell in eine für den Vogel gefährliche Bakterienbrühe verwandeln.

Beim Verfüttern von Körnerfutter ist zu beachten, daß ruhig vor ihrem Futternapf fressende Papageien oft die Schalen der Körner wieder in den Napf fallen lassen, so daß sich nach einiger Zeit in erster Linie Schalen darin befinden. Deshalb sollte man es sich zur Gewohnheit machen, die leeren Schalen zu entfernen, bevor neues Körnerfutter nachgefüllt wird. Obst und Grünfutter sind jeden Tag frisch zu reichen; Futterreste sollten nicht liegenbleiben, sondern täglich entfernt werden.

Die Badegelegenheit

Eine oft gehörte Frage ist: Benötigen Papageien eine Badegelegenheit? Auch die meisten Papageien reinigen ihr Gefieder gerne mit Hilfe von Wasser. Aber nur wenige von ihnen baden auf eine Weise, wie es etwa Sperlinge, Stare oder Kanarienvögel tun. Nur wenige Arten gehen wie Felsensittiche zum Baden ins flache Wasser; die meisten begnügen sich mit einer Art von »Katzenwäsche«. Wellensittiche und viele ihrer australischen Verwandten, wie Grassittiche und Singsittiche, baden in der Natur im taunassen Gras. Bietet man ihnen eine große flache, mit nassen Blättern gefüllte Schale als Badegelegenheit an, so machen sie gerne davon Gebrauch.

Bei einigen Arten, die normalerweise nicht baden, kann dieses Verhalten als typisch für brütende Weibchen beobachtet werden. So baden die Weibchen mancher Unzertrennlicher gegen Ende ihrer Brutperiode, um die für den Schlupfprozeß notwendige Feuchtigkeit in die Bruthöhle zu tragen.

Aber auch Papageien, die nicht im eigentlichen Sinne baden, schätzen es sehr, wenn man sie abduscht. Hält man sie im Freien, so setzen sie sich genau wie in der Natur gerne dem Regen aus. Im Hause duscht man kleinere Arten und auch größere Neuankömmlinge vorsichtig mit einem Wasserzerstäuber, wie man ihn zur Pflege von Zimmerpflanzen benutzt. Oft folgen größere und zahme Papageien bald auch gern ins Badezimmer und nehmen ihr Duschbad unter der Handdusche. Während der warmen Jahreszeit können im Freien gehaltene größere Arten auch mit einem mit einer Zerstäuberdüse versehenen Gartenschlauch geduscht werden.

An manchen zoologischen Gärten und Vogelparks hat man dem Duschbedürfnis dieser Vögel Rechnung getragen und in ihren Volieren Sprinklervorrichtungen eingebaut. Unter der über eine Zeituhr gesteuerten Dusche finden sich die Bewohner der Voliere zum richtigen Zeitpunkt zum kollektiven Duschbad ein. Wie oft der eigene Papagei duschen möchte, kann sehr unterschiedlich sein; an seinem Verhalten merkt man bald, was ihm zusagt.

Reinigung von Käfig und Voliere

Neben ihrem Hauptfutter sollten Papageien auch immer Mineralfutter und Sand zur Verfügung stehen. Dabei ist zu beachten, daß der handelsübliche Vogelsand für größere Arten meist zu fein ist und daß sie etwas gröberen Sand oder feinen Grus schätzen. Viele Papageien buddeln gerne im Sand und nehmen dabei auch Sand- und Gruskörnchen zu sich, die im Muskelmagen die Verdauung mechanisch unterstützen. Deshalb bietet man in Käfigen und Volieren, deren Boden nicht mit Sand bedeckt ist, Sand oder Grus in einer besonderen Schale an.

Kleinere Käfige reinigt man wöchentlich und erneuert dabei den Sand auf dem Boden. Den Boden größerer Volieren reinigt man mit einem leichten Laubrechen und erneuert gegebenenfalls den Sand.

Aufwendiger ist die wöchentliche Säuberung von Käfigen und Volieren, in denen Loris gehalten werden. Nicht nur, daß bei Loris, bedingt durch ihre Nahrung, die abgesetzte Kotmenge größer und in ihrer Beschaffenheit feuchter ist, sondern sie verschmutzen auch die Gitter des Käfigs. Bei ihrem lebhaften Klettern führen sie an Schnabel und Zunge Reste ihrer Nahrung mit, die am Gitter haften und dort bald einen festsitzenden

Brütenden Papageienweibchen sollte man eine Badegelegenheit anbieten.

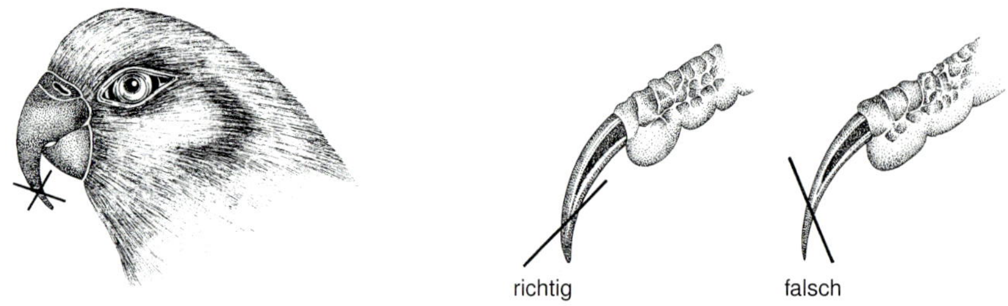

Schnittführung bei der Kürzung von Klauen und Oberschnabel.

Schmutzbelag bilden, der regelmäßig mit heißem Wasser entfernt werden muß.

Allgemein kann gesagt werden, daß bei der Papageienpflege der Erfolg weit mehr von Ordnung und Sauberkeit abhängig ist, als allgemein angenommen wird. Das bedeutet jedoch nicht, daß man durch stereotyp eingehaltene Pflegemaßnahmen Papageien während des Brutgeschäftes unnötig stören sollte. Bei störungsanfälligen Arten ist es mitunter angebracht, den Unrat etwas »wachsen« zu lassen und das Paar nicht zu beunruhigen.

Das Kürzen der Krallen und Schnäbel

Das Kürzen zu lang gewordener Klauenspitzen oder Oberschnäbel ist wie das Beschneiden der Flügeln keine routinemäßige Pflegemaßnahme.

Alle aus Hornsubstanz bestehenden Körperteile wie Klauen und Schnäbel werden von blutführendem Gewebe gebildet und erhärten während ihres Zuwachses. Alle Hornteile befinden sich in einem ständigen Umsatz; sie wachsen vom Körper ausgehend und werden außen ständig abgenutzt. Normalerweise halten sich dabei Zuwachs und Abnützung im Gleichgewicht. Das bedeutet, daß bei Papageien, die genügend Knabbermöglichkeiten haben und deren Sitzstangen nicht zu dünn sind, nur selten Krallen oder Schnabelspitzen gekürzt zu werden brauchen. Außer bei mangelnder Abnützung oder Mangel an Abnützungsmöglichkeiten kann es möglicherweise auch bei Ernährungsfehlern zu übermäßigem Hornzuwachs kommen.

Beim Schneiden zu langer Krallen bedient man sich am besten einer Krallenzange, wie man sie auch zum Kürzen von Hundekrallen benützt. Gute Krallenzangen sollten gleichzeitig von beiden Seiten schneiden, so daß auch bei alten Vögeln mit spröderer Hornsubstanz keine Gefahr besteht, daß eine Kralle splittert.

Das im Innern der Kralle befindliche Blutgefäß, die Krallenpulpa, darf beim Schneiden nicht verletzt werden. Nur bei kleineren Arten läßt sich dieses Blutgefäß einwandfrei erkennen, wenn man die Kralle durchleuchtet. Bei größeren Arten muß man notgedrungen nach Augenmaß schneiden, so daß man zunächst lieber etwas zu wenig als zu viel kürzen sollte.

Sollte es trotz aller Vorsicht zu einer Blutung kommen, so läßt sie sich meist mit Hilfe von Eisenchloridwatte schnell stillen. Bei allen größeren Vögeln benötigt man einen Helfer, der den Vogel, über Rumpf und Flügeldecken greifend, festhält. Der Schneidende benötigt seine zweite Hand, um den Fuß auszustrecken und die Zehe zu fixieren. Um Bisse zu vermeiden, ist es bei den größten Arten oft einfacher, den Vogel mit einem Handtuch zu umwickeln und dann einen Fuß vorsichtig hervorzuziehen.

Beim Kürzen zu lang ausgewachsener Schnabelspitzen sollte sich der Laie auf den Oberschnabel beschränken. Größere Schnabelkorrekturen muß man einem vogelkundigen Tierarzt überlassen.

Die Abbildungen links zeigen, wie Krallen- und Oberschnabelspitzen zu kürzen sind. Noch einTip: Sollte es zu einer stärkeren Blutung kommen, so kann sie effektiv und schnell durch kurzes elektrischen Lötkolben, gestillt werden.

Berühren der Schnittstelle mit einem heißen Metallstück, etwa einem kleinen elektrischen Lötkolben, gestillt werden.

Wann ist das Beschneiden der Flügel sinnvoll?

Die Frage, ob Papageien die Flügel beschnitten werden dürfen, wird oft gegensätzlich beantwortet. Natürlich ist es im Prinzip ein Fehler, einem Vogel sein Flugvermögen einzuschränken oder zu nehmen. Andererseits ist ein Beschneiden der Flügel kein irreparabler Schaden, da die abgeschnittenen Federn bald nachwachsen. Es hat sich auch gezeigt, daß es erheblich einfacher ist, mit importierten Amazonen und Graupapageien Kontakt aufzunehmen, deren Flügel beschnitten worden sind, was bei importierten Vögeln fast immer der Fall ist. Eine Flügelbeschneidung zum Zwecke näherer Kontaktnahme mit für die Haltung im Heim bestimmten größeren Vögeln läßt sich also verantworten, besonders, wenn es sich um Arten wie Amazonen handelt, die sich häufig lieber kletternd als fliegend fortbewegen.

Ähnlich stellt sich die Frage auch, wenn die Alternativen für die Haltung von Aras sind, sie entweder mit unbeschnittenen Flügeln in einen Drahtkäfig zu sperren oder sie mit beschnittenen Flügeln auf einem Kletterbaum zu halten.

Es gibt jedoch absolut keinen triftigen Grund, kleine flugtüchtige Sittiche, die ohne nennenswerten Schaden anzurichten ihre Flugrunden in der Wohnung machen können, durch Beschneiden ihrer Flügel an dieser für sie lebenswichtigen Bewegung zu hindern.

Die Abbildungen zeigen, wie Flügel richtig beschnitten werden. Das fast rechtwinklige Kürzen der Schwungfedern (obere Abbildung) hat den Nachteil, daß man beim sitzenden Vogel die Schnittstelle mit ihren Federstutzen sieht. Bei einem Beschneiden entsprechend der unteren Abbildung liegen die nicht gekürzten, äußeren Schwungfedern beim sitzenden Vogel so, daß sie die Schnittstelle verdecken. Bei wenig flugtüchtigen Amazonen genügt es oft, nur einen Teil der Federn in der Mitte der Schwingen zu kürzen. Bei Graupapageien, Kakadus und Aras reicht das meistens nicht aus; oft ist es bei ihnen außerdem erforderlich, an einigen der verbliebenen Schwungfedern die Innenfahnen zu kürzen.

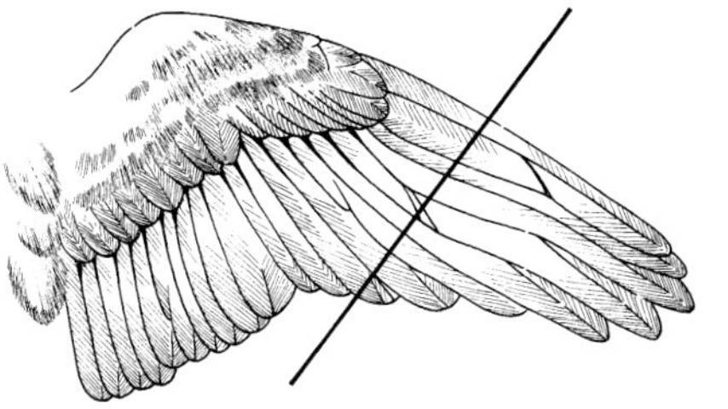

Am einfachsten lassen sich die äußeren Schwungfedern kürzen.

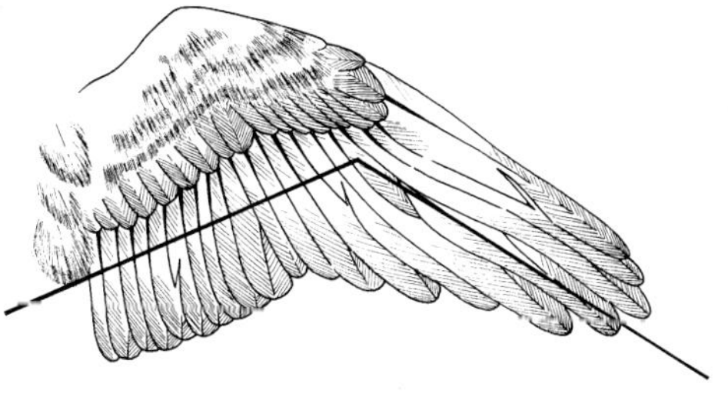

Schöner sieht es aus, wenn nur ein Teil der Arm- und Handschwingenfedern beschnitten wird.

Auch beim Flügelbeschneiden kann man den Papagei in ein großes Handtuch einwickeln und einen Flügel vorsichtig herausziehen, was für den Vogel schonender ist, als ihn mit durch Lederhandschuhe geschützten Händen festzuhalten.

Es ist immer ratsam, bei dem eigenen zahmen Papagei nicht selbst die Krallen zu stutzen oder die Flügel zu beschneiden. Der Papagei kann das für ihn unangenehme Erlebnis sehr wohl mit der betreffenden Person verbinden. Um den eigenen Vogel nicht zu vergrämen, helfen Papageienfreunde sich bei solchen Gelegenheiten oft gegenseitig.

Ein Papagei, dessen Flügel sachgemäß beschnitten worden sind, fällt bei einem Flugversuch nicht zu Boden. Seine Flügel sind noch so tragfähig, daß es zu einer »weichen Landung« kommt.

Bei allen für Zuchtversuche vorgesehenen Papageien dürfen die Flügel nicht beschnitten werden, da sie von den Tieren zur Aufrechterhaltung der Balance bei der Paarung benötigt werden.

Sprechende Papageien

Innerhalb jeder Art gibt es sprachbegabte und weniger talentierte Exemplare.

Wohl jeder Papageienhalter, der keine züchterischen Ambitionen hat, wünscht sich wahrscheinlich einen zahmen und womöglich auch sprechenden Papagei.

Fast alle Papageienvögel sind in der Lage, gehörte Laute mehr oder weniger gut nachahmen zu können. Das bedeutet jedoch nicht unbedingt, daß sie die menschliche Stimme und menschliche Worte einer Nachahmung wert finden. Die Gewohnheit, artfremde Laute wiederzugeben, ist von Art zu Art unterschiedlich ausgeprägt; das Lernvermögen nimmt in der Regel mit zunehmendem Alter ab.

Lange war auch der Verfasser davon überzeugt, daß Papageien von einem bestimmten Zeitpunkt ihres Lebens an nichts Neues hinzulernen. Ein mindestens 50 Jahre alter Graupapagei belehrte mich jedoch des Gegenteils. Eine weitere Meinung über das Nachahmungsvermögen mußte ich ebenfalls korrigieren. Bei einem Vortrag vor den Mitgliedern eines Vogel-Liebhabervereines hatte ich mich zu der Behauptung verstiegen, daß, wenn man vom Mönchssittich absehe, die meisten Papageien sprechen lernen können. Darauf meldete sich eine Dame zu Wort und konnte berichten, daß sie selbst einen Mönchssittich habe, der sehr gut sprechen könne. Anschließend habe ich mich bei einem Besuch in ihrem Heim davon überzeugen können, daß besagter Mönchssittich über einen umfangreichen Wortschatz verfügte und diesen zum Teil sogar in ganzen Sätzen wiedergeben konnte. Seitdem hat der Verfasser es sich abgewöhnt, »niemals« zu sagen, wenn von Papageien die Rede ist.

Sinn des Gesagten ist klarzustellen, daß alle Angaben über das akustische Nachahmungsvermögen von Papageien sehr differenziert aufzufassen sind, denn das Vermögen, artfremde Laute einschließlich menschlicher Worte lautrichtig wiederzugeben, kann sowohl von Art zu Art als auch von Exemplar zu Exemplar sehr unterschiedlich sein. Es gibt innerhalb aller Arten, soweit es ihre Sprachbegabung betrifft, talentierte, weniger talentierte und auch total unbegabte Vögel. Selbst unter den für ihr gutes Sprachtalent bekannten Graupapageien kann man Exemplare finden, die, obwohl sie ihr halbes Leben in menschlicher Gesellschaft verbracht haben, kein einziges menschliches Wort gelernt haben.

Daß aber die Gewohnheit, artfremde Laute nachzuahmen, unter Papageienvögeln häufig ist, kann man leicht feststellen, wenn verschiedene Arten in größeren Volierenanlagen gezüchtet werden und die Nachzuchten neben ihren eigenen Lockrufen auch die Lockrufe anderer Arten wiedergeben, die sie seit ihrem Jugendalter ständig zu hören bekommen haben.

Die Fähigkeit der Lautnachahmung ist keineswegs auf Papageien beschränkt und kommt auch bei vielen anderen Vögeln vor. Unter den einheimischen Vögeln findet man solche »Spötter« vorzugsweise unter Krähenvögeln und Staren. Von den als Stubenvögeln gehaltenen Arten sind Beos für ihr Sprachtalent berühmt; talentierte Spottdrosseln können alle möglichen Lockrufe und Gesänge anderer Vögel täuschend ähnlich nachahmen.

Papageien können Worte situationsbezogen wiedergeben

Kann man einen Papagei, der bestimmte Laute nachahmt, durch gut artikuliertes Sprechen anregen, das Vorgesagte zu wiederholen, so kann man ihn vielleicht zum Nachsprechen bringen. Sicher ist das jedoch keineswegs, denn sprachtalentierte Papageien lernen vorzugsweise spontan und treffen in der Form der Ausdrucksweise oft ihre eigene Wahl. Dabei sind auch Papageien »Spötter«, die das Gehörte wiedergeben und dabei im Gegensatz zu den meisten anderen Spöttern sehr wohl einen Zusammenhang zu etwas Beobachtetem oder Gehörtem herstellen können. Dieses »Kommentieren« kann leicht falsch gedeutet werden. Der treffende Kommentar bedeutet nämlich nicht, daß der Papagei weiß, was er sagt, sondern er verbindet das Gesagte mit etwas Gesehenem oder Gehörtem: Er weiß, was zusammenpaßt.

Ein typisches Beispiel für ein solches Verhalten ist, wenn die Gießkanne, mit der man die Zimmerpflanzen zu gießen pflegt, bereits zu gluckern anfängt, wenn man sie auch nur aufhebt. Für den Papagei war schon der Griff zur Gießkanne das auslösende optische Signal, und er weiß, welche Laute nun zu folgen haben. Wenn man den Mantel anzieht und den Hut aufsetzt, wird der Papagei das mit dem in seiner Familie gebräuchlichen »Servus, ich gehe« kommentieren, noch bevor die betreffende Person sich selber verabschiedet; er wird auch dasselbe sagen, wenn sonst kein Mensch im Hause ist.

Die entsprechenden Auslöser können auch akustischer Art sein. Hört es der Papagei oft, daß der Dackel der Familie von der Frau des Hauses zurechtgewiesen wird, wenn er bellt, so kann es durchaus vorkommen, daß auch er den bellenden Dackel mit der Stimme der Hausfrau zurechtweist. Es gibt Papageien, die es in dieser Hinsicht zu einer erstaunlichen Perfektion bringen und den Eindruck erwecken, daß sie den Sinn ihrer Worte verstehen. Deckt man beispielsweise jeden Abend den Käfig des Papageis mit einem schwarzen Tuch zu und sagt dabei jedesmal deutlich »gute Nacht«, so kann es durchaus geschehen, daß der Papagei schon »gute Nacht« sagt, wenn er nur das schwarze Tuch zu sehen bekommt, auch wenn es mitten am Tage bei Sonnenschein sein sollte. Ein einmal erlerntes Wort oder ein Satz kann so stark an einen bestimmten optischen oder akustischen Auslöser gebunden sein, daß der Papagei das dazugehörige Wort scheinbar vollständig vergißt, wenn der Auslöser fehlt. Dasselbe Wort wird aber noch nach Jahren aus dem Gedächtnis hervorgeholt, wenn der entsprechende Auslöser zu sehen oder zu hören ist.

Welche Papageien sprechen am besten?

Eine oft gestellte Frage ist, welche Papageien sprechen lernen können und unter welchen Arten man die besten »Sprecher« findet. Der erste Teil dieser Frage kann dahingehend beantwortet werden, daß fast alle Papageienvögel artfremde Laute nachahmen können, die Begabung aber von Exemplar zu Exemplar sehr unterschiedlich ausgeprägt sein kann. Kaum ein anderer Papagei übertrifft einen gut sprechenden Graupapagei an Sprach- und Tongenauigkeit. Bei Graupapageien kann man genau hören, welche Person nachgeahmt wird, denn sie sprechen nicht nur die Worte, sondern ahmen auch die Stimme einer bestimmten Person täuschend ähnlich nach. Im Familienkreis kann dieses zu drolligen Mißverständnissen führen, etwa: »Warum antwortest Du nicht?« »Ich habe geglaubt, der Jako hätte gerufen.« Oder umgekehrt: »Hier bin ich, was ist los?« »Nein, ich habe nicht gerufen, das war der Jako.«

Graupapageien geben oft nicht nur Worte gut verständlich wieder, sondern imitieren sogar den Tonfall einer bestimmten Person.

Viele Amazonen und auch einzelne Rotschwanzpapageien lernen leidlich sprechen, doch hört man bei ihnen immer heraus, daß es kein Mensch ist, der spricht. Erstaunlich gute Sprecher findet man, wenn auch nur vereinzelt, unter den größeren Kakadus. Daß auch kleine Sittiche sprachbegabt sein können, haben schon Tausende von Wörter nachplappernden Wellensittichen bewiesen. Man muß bei diesen kleinen Vögeln jedoch sehr genau hinhören, da ihre Stimmen – wenn sie nicht nach Wellensittichmanier schreien – sehr dünn sind. Andere kleinere Arten, die besonders, wenn sie von jung an in menschlicher Gesellschaft aufgewachsen sind, oft einen kleinen Wortschatz haben und ihn auch häufig zum besten geben, sind Bourke- und Nymphensittiche. Nymphensittiche lernen nicht selten, ganze Sätze nachzusprechen und auch kurze Melodien nachzupfeifen.

Das Nachahmungsvermögen von im Hause gehaltenen Papageien hat durchaus nicht nur angenehme Seiten. Begabte Papageien begnügen sich häufig nicht mit dem Nachahmen des Gesprochenen. Sie machen nicht selten lieber andere Geräusche nach, wie etwa das Geräusch eines Staubsaugers, wenn sie nicht gar versuchen, das Lautstärkeniveau der Haushaltsmaschinen zu übertönen, was nicht unbedingt der reine Ohrenschmaus ist.

Unter importierten Amazonen findet man mitunter Exemplare, die schon einen aus spanischen Wörtern bestehenden Wortschatz mitbringen. Nur jemand, der Spanisch versteht, bemerkt schnell, daß es sich nicht gerade um salonfähige Ausdrücke handelt, die der Papagei zum besten gibt. Aber auch andere Laute, die ein Papagei in seiner Jugend zu hören bekam, können wiedergegeben werden. Dem Verfasser ist eine Blaubartamazone in guter Erinnerung, die zwar außer ihrem Namen Jakie kein menschliches Wort lernte, aber die Laute eines ganzen Hühnerhofs mit unterschiedlichem Federvieh imitieren konnte und dazwischen ab und zu das Geräusch einer Kreissäge ertönen ließ.

Unter Aras findet man nur vereinzelt leidliche Sprecher. Ihre Stimme hört sich meist etwas krächzend an, was die lautrichtige Wiedergabe beeinträchtigt.

Das »Sprachvermögen« eines Papageis hat kaum etwas mit seinem Geschlecht zu tun. Unter Wellensittichen sind es zwar meist die Männchen, die am fleißigsten nachplappern, aber es gibt auch unter ihnen unzweifelhaft sehr sprachbegabte Weibchen. Bei allen Arten, die überhaupt eine Sprachbegabung in diesem Sinne haben, gibt es talentierte Exemplare beiderlei Geschlechts genauso, wie total unbegabte Vögel sowohl unter Weibchen als auch Männchen.

Wichtig ist, daß man nie einen Papagei ausgehend von dem Wunsche, einen sprechenden Papagei zu besitzen, erwerben sollte. Denn Papageien haben über ihr eventuelles Sprachtalent hinaus viele andere gute Eigenschaften, die sie als Hausgenossen geeignet machen.

Die Zucht

Bevor man sich der Vermehrung von Papageienvögeln zuwendet, sollte man sich mit einigen Eigenheiten des Verhaltens dieser Vögel vertraut machen.

Papageien gehen feste Paarbindungen ein

Die Beziehungen der Geschlechter zueinander sind bei allen Papageien und Sittichen streng monogam. Das heißt, daß geschlechtsreife Männchen und Weibchen feste Paarbindungen eingehen, die, falls kein Unglücksfall eintritt, Lebensgemeinschaften sind. Diese Paarbindungen sind jedoch lediglich ein Teil der sozialen Bindungen dieser Vögel; die einzelnen Paare führen, wenn überhaupt, nur über einen kürzeren Zeitraum ein isoliertes Leben. Innerhalb der eigenen Art kommt es über längere oder kürzere Zeitperioden zu Gruppen- oder Schwarmbildungen, in denen zwar die etablierten Paare treu zusammenhalten, aber auch das soziale Verhalten der Jungvögel gefestigt wird.

Gruppen oder Schwärme bilden sich in der Regel nach Abschluß der Brutperiode; die Mitglieder gehören meist derselben Art an. Ausnahmen von dieser Regel gibt es, wenn es sich um sehr nahe miteinander verwandte Arten mit weitgehend übereinstimmenden Verhaltensmustern handelt. Gut bekannt sind die gemischten Schwärme, in denen neben Gelbbrustaras und den beiden roten Ara-Arten mitunter auch einzelne Soldatenaras angetroffen werden. Auch bei manchen australischen Sittichen sind schon gemischte Schwärme beobachtet worden.

Fast alle Papageien sind Höhlenbrüter

Da mit Ausnahme des Mönchssittichs alle als Heimtier gehaltenen Papageienvögel Höhlenbrüter sind, ist die Wahl der Nistplätze von der Existenz geeigneter Bruthöhlen abhängig. Dabei sind der Bildung von Brutkolonien, die ja bei anderen in sozialen Gemeinschaften lebenden Vögeln häufig sind, enge Grenzen gesetzt. Wo aber in einem begrenzten Gebiet, etwa einer isoliert wachsenden Baumgruppe, genügend Bruthöhlen vorhanden sind, kann es bei manchen Sittichen zur Bildung von Brutkolonien kommen. Gut bekannt sind sie auch von Unzertrennlichen, die ja nicht unbedingt auf das Vorhandensein von Bruthöhlen in hohlen Bäumen angewiesen sind. So sind Brutkolonien von in verlassenen und oft dicht beieinander liegenden Webervogelnestern brütenden Paaren bei Rosenköpfchen nicht ungewöhnlich und sind auch schon bei Schwarzköpfchen beobachtet worden.

Papageien größerer, in Waldgebieten lebender Arten sondern sich während des Brutgeschäftes und der Zeit der Aufzucht ihres Nachwuchses häufig von ihren Artgenossen ab und führen zeitweise ein isoliertes Leben.

Die Brutsaison hängt vom Nahrungsangebot ab

Die Zeit des Brutgeschäftes wird häufig vom Zugang der wichtigsten Nahrungsstoffe bestimmt. Selbst bei den unter weitgehend gleichbleibenden Bedingungen in Regenwaldgebieten lebenden Arten kann die Brutzeit vom Zugang bestimmter Nüsse abhängig sein. Weit größere Unregelmäßigkeiten der Brutperiode findet man bei den in Savannen- und Steppengebieten lebenden Arten. So fallen in großen Teilen Australiens die Niederschläge sehr unregelmäßig. Demzufolge ist auch der Zugang zu der Hauptnahrung dieser Vögel, den Grassämereien, großen Schwankungen unter-

Die Zucht von Papageien ist in Deutschland genehmigungspflichtig.

worfen. Die hier lebenden Sittiche haben sich diesen Lebensbedingungen weitgehend angepaßt. In sehr trockenen und nahrungsarmen Jahren kann ihre Vermehrung vollständig unterbleiben, was die Vögel in Jahren mit reichlichen Niederschlägen und guten Nahrungsbedingungen durch eine förmliche Vermehrungseuphorie ausgleichen. Dann steigert sich nicht nur die Zahl der gelegten Eier; es kommt häufig auch zu mehreren, dicht aufeinander folgenden Bruten. Ein typisches Beispiel derartigen Verhaltens ist der Wellensittich. Seine schnelle Ausbreitung als Stubenvogel wurde ohne Zweifel durch den Umstand begünstigt, daß regelmäßig und reichlich vorhandene Nahrung Wellensittiche automatisch in Brutstimmung versetzt.

Für Arten, die vorwiegend in Freilandvolieren gehalten werden, kann auch die Frage, in welche Jahreszeit die natürliche Brutperiode wildlebender Vögel fällt, interessant sein. Allgemein kann hierzu gesagt werden, daß fast alle über Generationen hinweg in Europa vermehrten Volierenstämme sich in ihren Brutzeiten an die europäischen Jahreszeiten angepaßt haben. Das gilt auch für die zahlreichen Arten, deren Heimat auf der südlichen Halbkugel liegt. Da von australischen und neuseeländischen Arten in jüngerer Zeit keine Importe nach Europa gekommen sind, stellt sich die Frage für sie nicht.

Etwas anders verhält es sich mit Arten, die aus dem südlichsten Teil Südamerikas stammen. Von ihnen sind auch in jüngerer Zeit Vögel nach Europa gebracht worden. Es ist durchaus möglich, daß solche Papageien versuchen, während ihrer natürlichen Brutperiode zur Vermehrung zu schreiten. So hat es der Verfasser erlebt, daß selbst Felsensittiche der zweiten Nachzuchtgeneration versuchten, im Dezember zu brüten. Auch der Umstand, daß die Temperatur für sie nicht gerade einladend war, konnte sie nicht von ihrem Vorhaben abbringen. Es kann daher angenommen werden, daß zumindest bei manchen Arten eine jahreszeitliche Anpassung der Brutperiode erst im Laufe mehrerer Generationen erfolgt.

Erteilung der Zuchtgenehmigung

In Deutschland ist die Zucht von Papageien genehmigungspflichtig. Anträge auf Zuchtgenehmigung sind an das zuständige Wirtschafts- und Ordnungsamt zu stellen, das die zuständige Veterinär-Dienststelle unterrichtet, in der Regel den Amtstierarzt. Dieser bewertet die fachliche Qualifikation des Antragstellers, bevor eine Genehmigung erteilt wird. In der Schweiz und in Österreich gibt es keine vergleichbare Genehmigungspflicht.

Geschlechtsunterschiede

Sind Zuchtversuche beabsichtigt, ist die wichtigste Voraussetzung, die Geschlechter der für die Zucht vorgesehenen Vögel zu ermitteln. Das klingt zwar wie eine Selbstverständlichkeit, ist aber in der Praxis keineswegs einfach. Nur bei wenigen Arten findet man eindeutige farbliche Unterschiede zwischen Männchen und Weibchen. Sie sind bei der entsprechenden Artbeschreibung angegeben.

Bei den größeren Arten ist nur bei den »hellen« Kakadus die Unterscheidung der Geschlechter einfach. Bei diesen gibt es zwar keine farblichen Unterschiede des Gefieders, doch können die Geschlechter mit großer Sicherheit an der Färbung der Augeniris erkannt werden. Sehr gut ausgeprägt ist dieser Farbunterschied beim Großen Weißhaubenkakadu, beim Großen und Kleinen Gelbhaubenkakadu und beim Inka-Kakadu. Die Männchen dieser Arten haben eine dunkelbraune, oft fast schwarze Augeniris; beim Weibchen ist sie dagegen heller braun.

Für den Ungeübten kann es jedoch schwer sein, die Färbung zu unterscheiden, wenn nicht Exemplare beiderlei Geschlechts verglichen werden können.

Ähnlich, wenn auch in der Regel weniger deutlich ausgeprägt sind die Unterschiede beim Rosenkakadu und beim Molukkenkakadu. Besonders beim letzteren kann es von der richtigen Beleuchtung abhängig sein, ob sie sich eindeutig erkennen lassen.

Oft geben nur die sekundären Geschlechtsmerkmale Auskunft

Sieht man von den »hellen« Kakadus und den Arten mit gut erkennbaren farblichen Geschlechtsunterschieden ab, so läßt sich das Geschlecht vieler Papageien und Sittiche äußerlich lediglich anhand sogenannter sekundärer Geschlechtsmerkmale erkennen. Eine Geschlechtsunterscheidung dieser Art setzt jedoch, ganz gleich welche Merkmale herangezogen werden, viel Übung voraus. Vergleichsmöglichkeiten in Form einer größeren Anzahl von Exemplaren derselben Art, oder noch besser mit sicher geschlechtsbestimmten Exemplaren, können die Bestimmung des Geschlechtes sehr erleichtern.

Bei Aras und Rotschwanzpapageien lassen sich die Männchen häufig an ihrem etwas größeren Kopf und ihrem kräftigeren, in der Regel auch an der Wurzel breiteren Schnabel erkennen. Bei manchen Exemplaren sind diese Merkmale deutlich ausgeprägt, aber man findet auch Vögel mehr androgynen Typs, deren Geschlecht sich nicht mit Hilfe der sekundären Geschlechtsmerkmale bestimmen läßt.

Bei Graupapageien kann das Geschlecht häufig an der Kopfform erkannt werden. Die typische Kopfform beider Geschlechter geht aus der Abbildung auf Seite 90 hervor. Aber auch bei ihnen gilt die gleiche Einschränkung wie bei der vorherigen Gruppe. Neben im Aussehen typischen Männchen und Weibchen gibt es auch bei Graupapageien zahlreiche Exemplare, die, nur nach ihrem Aussehen beurteilt, sowohl das eine als auch das andere sein könnten. Zu beachten ist, daß sich sekundäre Geschlechtsmerkmale erst mit beginnender Geschlechtsreife herausbilden.

Ein weiteres Merkmal ist die Form der Beckenknochen

Bei gewissen Sittichen, deren Geschlechter gleich gefärbt sind, wie etwa manchen australischen Sittichen und Keilschwanzsittichen, aber auch bei farblich gleichen Unzertrennlichen, konnen die folgenden Angaben die Geschlechtsunterscheidung erleichtern. Bedingt durch den bei den Weibchen deutlich breiteren Beckenknochen sitzen sie, besonders wenn sie entspannt ruhen, breitbeiniger als Männchen. Erfahrene Züchter von Unzertrennlichen ertasten diesen Unterschied, indem sie den Vogel so in die Hand nehmen, daß er mit seinem Rücken gegen die Handfläche zu liegen kommt, und sie auf der einen Seite mit dem Daumen, auf der anderen Seite mit Mittel- und Zeigefinger den Beckenknochen fühlen können.

Wird man bei einer solchen Gelegenheit kräftig gebissen, so handelt es sich bei dem Tier erfahrungsgemäß um ein Weibchen. Diese Regel gilt übrigens nicht nur für Unzertrennliche. Auch Weibchen von Wellensittichen beißen, wenn sie sich bedrängt fühlen, wesentlich härter zu als Männchen, was man bald merkt, wenn man sie zum Krallenschneiden festhalten muß.

Für die Geschlechtsbestimmung bei Wellensittichen hat die Ertastung des Beckenknochens jedoch keinerlei Bedeutung, da man bei ihnen das Geschlecht eindeutig an der Schnabelwachshaut erkennen kann.

Bei vielen Papageienarten ist es nicht leicht, die Geschlechtsunterschiede festzustellen.

Manche Untersuchungen beherrschen nur Spezialisten

Heutzutage gibt es verschiedene Methoden, mit denen das Geschlecht von Papageien entweder durch eine direkte Untersuchung ihrer Geschlechtsorgane oder ihrer hormonellen Ausscheidungen sicher festgestellt werden kann. Eine weitere, zur Zeit noch in Erprobung befindliche Methode ist die Feststellung der Geschlechtschromosomen im Zellkern.

Die zur Untersuchung notwendigen Proben entnimmt man dem Gewebe noch nicht voll entwickelter Federkiele.

Bei einer Endoskopie werden bei dem zu diesem Zweck narkotisierten Papagei die in der Bauchhöhle liegenden Geschlechtsorgane mittels eines Kaltlicht-Endoskopes direkt in Augenschein genommen. Bei bereits geschlechtsreifen Vögeln kann so sicher festgestellt werden, ob es sich bei den Geschlechtsdrüsen um Eierstöcke oder Hoden handelt. Untersuchungen hormoneller Ausscheidungen erfolgen mit Hilfe von an der Kloake entnommenen Abstrichproben. Diese Methode kann genau wie eine Endoskopieuntersuchung nur bei bereits geschlechtsreifen Vögeln durchgeführt werden. Eine Untersuchung, bei der das Geschlecht mit Hilfe der im Zellkern ermittelten Geschlechtschromosomen festgestellt wird, ist auch bei noch nicht geschlechtsreifen Jungvögeln möglich.

Nun ist es leider nicht so einfach, daß jeder Tierarzt oder jede Kleintierpraxis die notwendigen Tests vornehmen kann. Laboratorien für Hormon- oder Chromosomenuntersuchungen gibt es ebenfalls nur an wenigen Veterinär-Instituten. In den meisten Fällen kann der zuständige Amtstierarzt Auskunft darüber geben, wo solche Untersuchungen ausgeführt werden können. Eine andere Quelle für sachdienliche Auskunft sind lokale Vogelzüchter-Vereine.

Beim Graupapagei lassen sich die Geschlechter anhand der Kopfform unterscheiden (oben das Weibchen, unten das Männchen).

Die Zusammenstellung von Zuchtpaaren

Mit der sicheren Geschlechtsbestimmung ist der erste Schritt zur Zusammenstellung eines Zuchtpaares getan. Es ist aber durchaus nicht sicher, daß ein willkürlich zusammengesetztes Paar auch brüten wird. Wenn es sich um jüngere Vögel handelt, gibt es nur selten Probleme, die Tiere aneinander zu gewöhnen. Ältere Vögel dagegen akzeptieren durchaus nicht immer einen willkürlich zugeteilten Partner. Erfahrungsgemäß gibt es in dieser Beziehung große, artabhängige Unterschiede.

Bei den oft weit umherstreifenden Sittichen, die aus Halbwüsten, Steppen und Savannengebieten stammen, sind Probleme bei der Paarzusammenstellung seltener als bei den in der Regel mehr stationär lebenden größeren Arten. Die Ursache könnte darin begründet sein, daß bei den Sittichen die Ausfälle durch natürliche Feinde und Unglücksfälle erheblich größer sind. Daher kommen in ihren Schwärmen häufiger fertile Exemplare vor, die ihren Partner verloren haben. Ihre Bereitschaft, schnell ein neues Paarverhältnis einzugehen, ist wahrscheinlich ein Bestandteil ihres normalen Verhaltens.

Bei allen größeren Arten ist besondere Vorsicht beim Zusammensetzen älterer Partner angebracht. Mitunter geht es erstaunlich gut, aber es kann auch zu bösen Streitereien kommen. Daher ist es bei älteren Vögeln immer angebracht, daß sich die einander noch unbekannten Partner zunächst durch ein Gitter getrennt in Augenschein nehmen können. Aber auch wenn scheinbar alles nach dem Wunsch des Pflegers geht, ist bei bereits ohne sichtliche Probleme zusammenlebenden Partnern in der ersten Zeit eine gute Überwachung angebracht. Das ist besonders bei Arten zu beachten, die dafür bekannt sind, daß es bei ihnen auch noch nach Wochen zu bösen und nicht selten blutigen Streitereien kommen kann, wie bei allen Kakadus und ganz besonders bei Edelpapageien.

Gleichgeschlechtliche Paarbildung

Bei der Zusammenstellung von Zuchtpaaren sollte man sich des Geschlechts der Partner wirklich sicher sein. Bei Papageien sollte man sich in dieser Beziehung nie auf für ein bestimmtes Geschlecht typische Eigenheiten, oder was man dafür hält, verlassen. Soweit bekannt, gibt es noch keine Untersuchungen darüber, ob auch bei wildlebenden Papageien gleichgeschlechtliche Paarbildungen vorkommen. Bei Papageien, die sich in menschlicher Obhut befinden, sind solche Paarbil dungen nicht selten. Daß selbst bei Jungvögeln, die in einer größeren Gruppe aufgewachsen sind und die ihre Partner frei wählen können, ab und zu gleichgeschlechtliche Paarbildungen vorkommen können, hat schon mancher Züchter von nicht an ihrer Färbung unterscheidbaren Unzertrennlichen zu seinem Leidwesen erfahren müssen.

Daß zwei Exemplare einer Art einen Nistkasten beziehen, Eier legen und zu brüten beginnen, ist keine Garantie dafür, daß man wirklich ein Zuchtpaar hat. Es kann sich auch um zwei Weibchen handeln. Selbst Paarungsversuche (Treten) sind kein absolut sicheres Zeichen, wenn eine vollzogene Kopulation nicht sehr genau beobachtet werden kann. Auch zwischen zwei Männchen und selbst zwischen zwei Weibchen kommen Verhaltensmuster vor, die wirklichen Paarungen täuschend ähnlich sein können.

Hat eine gleichgeschlechtliche Paarbildung über eine längere Zeit bestanden, kann es Schwierigkeiten geben, die Vögel mit Partnern des »richtigen Geschlechts« zu verpaaren. Werden andere Partner nicht akzeptiert, ist es oft notwendig, die früheren Partner so zu trennen, daß sie einander weder sehen noch hören können.

Nistkästen und Nistmaterial

Größere Mengen von Material für den Nestbau benötigt nur der Mönchssittich, da er als einzige Art ein Nest aus Zweigen und Reisig baut, welches dem Nest unserer einheimischen Elster ähnlich sieht. In der Voliere kann man die Anlage des Nestes durch Aufspannen eines dreieckigen Stückes Drahtgewebe in einer Ecke der Voliere, etwa 60–70 cm unter dem Volierendach, erleichtern. Mönchssittiche sind jedoch in der Anlage des Nestes äußerst erfinderisch. Ein brutwilliges Paar, das Zugang zu Nistmaterial hat, läßt sich am Nestbau kaum hindern. Das Nest eines einzelnen Paares ist meist kugelförmig und hat im Innern eine Vor- und eine Brutkammer. Bei in Gruppen gehaltenen Mönchssittichen kommen häufig auch Gemeinschaftsnester mit mehreren Brutkammern vor, in denen mehrere Paare gleichzeitig brüten.

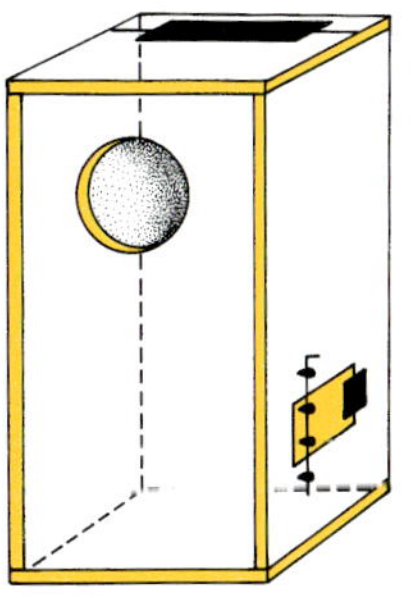

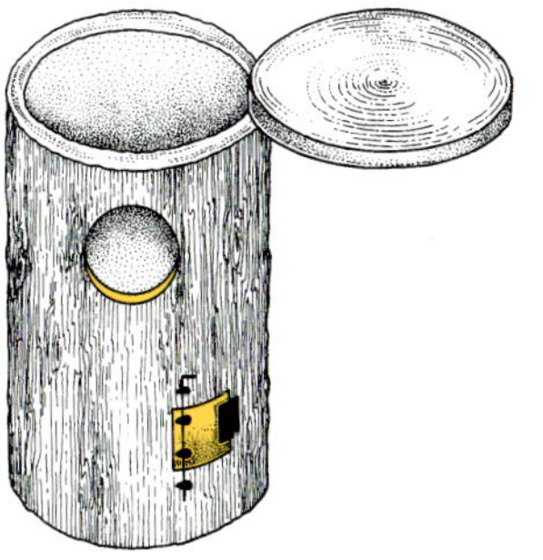

Nistkästen für größere Arten mit aufklappbarem Deckel und Kontrolluke.

Nistkästen dienen als Ersatz für Bruthöhlen

Abgesehen vom Mönchssittich und dem in Europa nicht gehaltenen Erdsittich, der auf dem Boden brütet, sind alle Papageienvögel Höhlenbrüter. In der Natur ist die Bruthöhle häufig eine natürliche Baumhöhle, doch kommen auch Bruthöhlen in Felsspalten und anderen Höhlungen vor. Manche Arten graben selbst oder erweitern von anderen Vogelarten geschaffene Höhlungen an steilen Abhängen mit fester Bodenstruktur wie beispielsweise Lehmwänden. Einige Sittiche graben ihre Nisthöhlen in Termitenstöcke oder Kakteen. Eigene Schnabelarbeit bei der Anpassung der Bruthöhle an den eigenen Bedarf kommt häufig vor, und manche Arten können, wenn sie auch nur eine kleine Spalte finden, ziemlich schnell eine passende Höhle im Innern teilweise vermoderter Bäume ausknabbern und ausnagen.

Für Zuchtversuche benötigt man als Ersatz für natürliche Bruthöhlen entspre-

Das Holz für die Nistkästen sollte nicht zu frisch sein.

chende Nistkästen, die man sich am besten selber anfertigt. Im Zoohandel werden regelmäßig lediglich Nistkästen für Wellensittiche angeboten. Die Selbstanfertigung hat außerdem den Vorteil, daß man einen genau für seinen Zweck passenden Nistkasten bekommt. Zum Bau braucht man kein Möbeltischler zu sein; es genügt, wenn man einigermaßen mit Säge, Hammer und Schraubenzieher umgehen kann.

An Folgendes sollte man sich bei der Anfertigung von Nistkästen halten: Als Material verwende man ungehobelte Bretter, die möglichst nicht von frisch abgesägten Stämmen stammen sollten. Das ist besonders wichtig, wenn es sich um Bretter von Nadelholz handelt. Frisch gesägtes Nadelholz riecht immer ein wenig nach Terpentin, so daß daraus gefertigte Nistkästen häufig erst im nächsten Jahr Gnade in den Augen der wohnungssuchenden Paare finden. Bei Laubhölzern spielt es dagegen kaum eine Rolle, ob es sich um frisch gesägte oder schon längere Zeit gelagerte Bretter handelt.

Die verwendeten Bretter sollten mindestens 2,5 cm stark, dürfen aber gern dicker sein. Dickere Wände dämpfen Temperaturschwankungen besser, was besonders dann wichtig ist, wenn die Nistkästen im Freien verwendet werden sollen. Für größere Kakadus können auch kleine, solide Fässer mit entsprechend erweitertem Spundloch als Nistkasten dienen.

Bei allen langschwänzigen Arten wird der Nistkasten zweckmäßig im Querformat angebracht. Unabhängig davon, ob ein Nistkasten im Hoch- oder Querformat verwendet wird, sollte sich das Schlupfloch immer im oberen Drittel der Vorderwand befinden. Kakadus, aber auch Keilschwanzsittiche können Nistkästen schnell zernagen. Ihr Zerstörungswerk beginnen sie fast immer am Schlupfloch. Eine Vorderwand aus einem härteren Holz, etwa Eiche oder Buche, oder auch eine Metallkante um das Schlupfloch herum können die Demontagearbeit zwar meist nicht vollständig verhindern, aber doch stark verzögern.

Die Luftfeuchtigkeit im Nist kasten ist für den Schlupf wichtig

In natürlichen Baumhöhlen besteht die Unterlage häufig aus teilweise vermoderten Holzresten, die eine gleichmäßige Luftfeuchtigkeit in der Bruthöhle gewährleisten. Für die normale Entwicklung im Ei und besonders für den Schlupf der Jungvögel ist die Luftfeuchtigkeit in der Bruthöhle wichtig. Bei in Freilandvolieren verwendeten Nistkästen gibt es nur selten durch mangelnde Luftfeuchtigkeit verursachte Schlupfprobleme. Es ist lediglich darauf zu achten, daß die Nistkästen nicht an Stellen aufgehängt werden, die der stärksten Sonneneinstrahlung ausgesetzt sind. Bei trockenem Wetter besprüht man die Außenwand der Kästen, in denen Paare brüten, täglich mit einem Wasserzerstäuber. Schon aus diesem Grund ist es zweckmäßig, die Nistkästen außen am Volierengitter aufzuhängen.

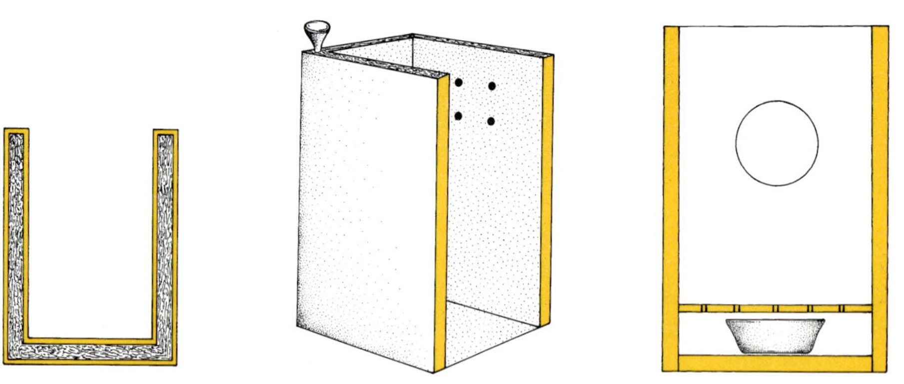

Die doppelte Wand des Brutkastens ist mit Schaumstoff gefüllt, der mit Hilfe eines Trichters befeuchtet wird. Da die Innenwand perforiert ist, herrscht im Inneren des Kastens eine erhöhte Luftfeuchtigkeit, die den Jungen den Schlupf erleichtert.

Einfacher ist es, die Luftfeuchtigkeit durch eine unter dem perforierten Boden aufgestellte Wasserschale zu erhöhen.

Die Dächer der Nistkästen sollten mit Scharnieren versehen sein, damit man sie aufklappen kann. Nistkästen für größere Arten werden im unteren Drittel mit einer Luke versehen, die bei den während der Brutzeit oft auch aggressiven Arten die Kontrolle von Eiern und Jungvögeln ermöglicht. Bei kleineren Nistkästen ist diese Kontrolle ohne Schwierigkeiten von oben bei aufgeklapptem Nistkastendach möglich. Bei allen außen am Volierengitter aufgehängten Nistkästen müssen sowohl das Nistkastendach als auch eventuelle Kontrolluken mit Sperren gegen nestplündernde Katzen und Raubzeug anderer Art gesichert sein.

Mangelnde Luftfeuchtigkeit im Nistkasten ist nicht selten die Ursache für Probleme beim Schlupf. Speziell bei Unzertrennlichen kommt es nicht selten vor, daß die schlupffertigen Jungvögel im Ei absterben, da sie sich nicht von der unter der Schale befindlichen Haut befreien können. Versuche im Brutapparat haben gezeigt, daß der Schlupf der Eier von Rosenköpfchen erst bei einer Luftfeuchtigkeit von mindestens 60 % reibungslos verläuft. Andererseits ist gerade von Rosenköpfchen bekannt, daß sie in der trockenen und heißen Steppenluft Namibias häufig in verlassenen Nestern größerer Webervögel brüten, wo ja die Luft sehr trocken ist. Freilandbeobachtungen aus jüngerer Zeit haben gezeigt, wie die Weibchen die Tücke der Natur überlisten. Gegen Ende der Brutzeit fliegen sie in einem förmlichen Pendelverkehr zwischen ihrem Brutplatz und der nächsten Wasserstelle hin und her, wo sie baden, um sich dann mit noch nassem Bauchgefieder auf ihre Eier zu legen. Leider ist dieser die Vermehrung sichernde Trieb bei den heute weitgehend domestizierten Zuchtstämmen der Rosenköpfchen verlorengegangen.

Bei allen Zuchtversuchen mit Unzertrennlichen in zentralgeheizten Innenräumen ist deshalb die Verwendung besonderer feuchtigkeitsbewahrender Nistkästen anzuraten. Von den beiden hier im Schema abgebildeten Nistkästen besitzt der eine in der Rückwand und in den Seitenwänden, zwischen einer äußeren festen und einer inneren perforierten Wand, eine Schaumstoffeinlage, die mittels eines im Dach eingelassenen kleinen Trichters feucht gehalten werden kann. Der zweite Typ eines solchen Nistkastens ist einfacher gebaut, hat sich aber in der Praxis gut bewährt. Bei diesem Nistkasten wird unter die fein perforierte Bodenplatte entweder von hinten oder von der Seite eine mit Wasser gefüllte Schale eingeschoben.

Manche Papageien bauen sich ihre Bruthöhle selbst

Stehen Stücke von hohlen Baumstämmen zur Verfügung, können Nistkästen auch daraus hergestellt werden. Kakadus, Amazonen und Graupapageien graben und erweitern ihre Nisthöhle auch selbst, wenn ihnen ein entsprechendes Stück eines im Innern bereits vermoderten Baumstammes einer Weide oder Pappel zur Verfügung gestellt wird. In diesen Fällen genügt es meistens schon, wenn man in die noch intakte äußere Holzschicht ein Loch in der Größe des Schlupfloches stemmt. Den Rest besorgt das Zuchtpaar dann meistens selbst. Bei Kakadus ist man immer wieder erstaunt, wie schnell die Erweiterung der Bruthöhle vor sich geht.

Nur wenige Arten bauen in der Bruthöhle ein Nest. Unter den regelmäßig gezüchteten Arten können manche Unzertrennliche mitunter im Nistkasten Nestkammern aus Rinden- und Baststückchen, Grashalmen und ähnlichem bauen. Das Nistmaterial wird zwischen die Federn des Rückengefieders und der Armschwingen gesteckt und so in den Nistkasten getragen.

Ist der Nistkasten groß genug, so kann die Nestkammer nach vorne zum Einschlupfloch hin geschlossen sein und ihren Eingang an der Rückseite haben. Der Vogel, der in die Nistkammer will,

Die Bereitstellung von Material zum Nestbau ist nur bei wenigen Papageienarten notwendig.

muß zwischen der Wand des Nistkastens und der Wand der Nistkammer herumkriechen. Es ist jedoch heute ziemlich selten, daß man derartige Nistkammern zu sehen bekommt. Auch hier scheint es so zu sein, daß bei den domistizierten Zuchtstämmen die ursprünglichen Brutverhaltensmuster teilweise verloren gegangen sind.

Als Einlage des Nistkastens verwendet man Hobelspäne, entweder pur oder mit Torf vermischt. Es kann aber vorkommen, daß dem Paar diese Einlage nicht gefällt, so daß es sie hinauswirft oder in einer Ecke des Kastens zusammenschiebt, um dann die Eier auf den blanken Holzboden zu legen. Um die Lage der Eier in der Mitte des Kastenbodens zu sichern, verwenden manche Züchter Kastenböden mit ausgefräster Nestmulde. Dem Zuchtpaar sollten immer frische Zweige zur Verfügung stehen. Manche Paare tragen mitunter Teile davon in die Nisthöhle; andere schenken den Zweigen keinerlei Beachtung.

Die wichtigsten Maße für Nistkästen können der folgenden Tabelle entnommen werden.

Die Tabelle enthält die Nistkastengröße und den Durchmesser des Schlupfloches in Zentimetern. Die Angaben betreffen einige der am häufigsten gehaltenen Arten.

Faustregel für den Zweifelsfall: Bei quadratischem Boden soll die Seitenlänge des Bodens der Länge des Vogels von der Schnabelspitze bis zum Bürzel (also der Totallänge abzüglich der Länge der Schwanzfedern) entsprechen.

Balz, Paarung und Brutgeschäft

Wer bei seinen Papageien als Einleitung ihrer Vermehrungsphase umfangreiche Balzrituale, wie sie bei anderen Vogelarten häufig sind, erwartet, wird enttäuscht sein. Für langfristig monogame Vögel wie Papageien wären aufwendige Balzrituale lediglich »unnötige Energieverschwendung«. Bei nicht oder nur während der Fortpflanzungszeit monogamen Vogelarten dienen die aufwendigen Balzrituale der Partnerwahl. Papageien, bei denen die Paarbildung schon lange vor ihrer ersten

Nistkastengrößen für verschiedene Papageien.

Beispielart	Nistkastengröße	Durchmesser des Schlupfloches
Wellensittich	12 × 12 × 25 cm	4 cm
Sperlingspapageien	14 × 14 × 20 cm	4 cm
Unzertrennliche	20 × 20 × 30 cm	6 cm
Goldstirnsittich, Nymphensittich, Pflaumenkopfsittich und andere Arten ähnlicher Größe	25 × 25 × 35 cm	6 cm
Loripapageien	20 × 30 × 30 cm	8 cm
Chinasittich, Alexandersittich	30 × 30 × 50 cm	8 cm
Rosellas und ähnliche Arten, Zwergaras	35 × 35 × 60 cm	10–15 cm
Große Aras	50 × 50 × 100 cm	18 cm
Mohrenkopf und ähnliche Arten	20 × 20 × 35 cm	9 cm
Graupapageien, Amazonen und kleinere Kakadus	25 × 25 × 40 cm	11 cm
Große Kakadus	35 × 35 × 60 cm	15

Vermehrungsperiode erfolgt, können sich diesen Luxus ersparen.

Das bedeutet jedoch nicht, daß die Männchen vor dem Brutgeschäft nicht auf ihre »Qualifikationen« aufmerksam machen. So laufen sie bei Amazonen mit ausgebreiteten Flügeln und gespreizten Schwanzfedern auf der Sitzstange oder einem Ast hin und her und lassen dabei gurrende und krächzende Laute ertönen. Oft kann man auch beobachten, daß sich ihre Pupillen ruckartig zusammenziehen, wenn sie gravitätisch hin und her spazieren. Die Männchen der Kakadus imponieren häufiger als sonst mit ihren Federhauben und knacken mit ihren Schnäbeln energisch gegen das Holz eines Astes oder gegen den Nistkasten. Bei Aras zeigen beide Geschlechter häufig ein ausgesprochen spielerisches Verhalten, bei dem es zu seltsam anmutenden Körperverrenkungen kommen kann.

Typisch für das Paarverhalten in der letzten Zeit vor der ersten Eiablage ist, daß die Männchen damit beginnen, ihre Weibchen fleißig zu füttern. Mehr als sonst sitzen die Paare zusammen und widmen sich der wechselseitigen Gefiederpflege. Bei älteren Paaren, die schon länger zusammen leben, ist es nicht ungewöhnlich, daß es fast ohne vorbereitende Handlungen direkt zur ersten Paarung kommt.

Bei der Paarung sitzen die Vögel in der Regel auf der Sitzstange oder einem Ast. Das Männchen versucht, anfänglich oft erfolglos, auf den Rücken des Weibchens zu klettern. Besonders bei einem noch jungen Männchen kann es einige Zeit dauern, bis es ihm gelingt. Ein paarungswilliges Weibchen sitzt dabei in fast waagerechter Haltung und mit seitlich etwas abgespreizten Flügeln. Hat das Männchen richtig Fuß gefaßt, drückt es seinen Hinterkörper seitlich herab; das Weibchen kommt dieser Bewegung mit einer seitlich nach oben gerichteten Drehung seines Unterkörpers entgegen, so daß sich ihre Kloaken berühren und eine Übertragung der Spermien möglich wird.

Im Gegensatz zu vielen anderen Vögeln, deren Paarungsakt nur wenige Sekunden dauert, lassen Papageien sich Zeit. Beobachtet man ein brutwilliges Paar aufmerksam, wird man kaum die oft wiederholten Paarungen übersehen. Sollte es sich zeigen, daß es einem Paar schwerfällt, bei der Paarung das Gleichgewicht zu behalten, bringt man an einer oder zwei Stellen anstelle der Sitzstange ein schmales Brett in der Voliere an.

Bei monogamen Vögeln wie den meisten Papageien »lohnen« sich aufwendige Balzrituale nicht.

Woran erkennt man unbefruchtete Eier?

Bei den größeren Arten werden die Eier in der Regel in Zeitabständen von drei bis vier Tagen gelegt. Bei kleineren Arten sind die Zeitabstände geringer, meist ein bis zwei Tage. Normalerweise beginnt das Weibchen, mit dem Brüten sobald es sein erstes Ei gelegt hat.

In früheren Jahren kontrollierten die meisten Züchter so bald wie möglich, ob die Eier befruchtet waren. Heute ist man allgemein zu der Einsicht gekommen, daß es das Beste ist, dem Weibchen auch unbefruchtete Eier zu belassen, da so der normale Brutzyklus am wenigsten gestört wird. Es hat sich inzwischen auch als Irrtum herausgestellt, daß die Weibchen schneller neue Eier legen, wenn die unbefruchteten entfernt werden.

Will man trotz dieser Einwände kontrollieren, ob die Eier befruchtet sind, ist es gut zu wissen, daß das artabhängig erst nach einer Brutzeit von vier bis neun Tagen möglich ist. Zur Befruchtungskontrolle nimmt man das zu prüfende Ei vorsichtig aus dem Nistkasten und durchleuchtet es mit einer starken Glühlampe. Eine dunkle, störendes Seitenlicht abschirmende Pappscheibe, mit einem entsprechend großen Loch in der Mitte, kann das Durchleuchten erleichtern. Im befruchteten Ei läßt sich ein Schatten erkennen, während das unbefruchtete Ei gleichmäßig durchscheinend wirkt. Ein unbefruchtetes Ei sollte man nicht entfernen, sondern wieder in den Nistkasten zurücklegen. Besonders, wenn nur ein einziges Junges zum Schlupf kommt, kann das vom brütenden Vogel erwärmte unbefruchtete Ei wie eine Wärmflasche dem einsamen Jungvogel als Wärmereserve dienen, wenn das Weibchen einmal den Nistkasten verläßt.

Anfangs füttert das Weibchen mit vorverdauter Nahrung

Meist merkt man am Verhalten des Männchens, wann die Zeit für den Schlupf des ersten Jungvogels gekommen ist. Oft fliegt oder läuft es hin und her, ist sichtlich aufgeregt und versucht, durch das Schlupfloch in den Nistkasten hineinzuschauen. Geschlüpfte Junge zeigen ihre Ankunft häufig auch durch feine piepende Laute an.

Die jungen Papageien öffnen ihre Augen frühestens acht Tage nach dem Schlupf.

Beim Schlupf sind die Jungen nackt; ihre Augen öffnen sich erst 8 bis 18 Tage nach dem Schlupf. Beim Füttern wendet das Weibchen den Jungvogel während der ersten Lebenstage häufig auf den Rücken, nimmt dann dessen Schnabel in seinen eigenen und füttert ihn mit vorverdauter Nahrung, die es aus seinem Vormagen heraufwürgt. Auch wenn die Jungvögel etwas später beim Füttern auf dem Bauch liegen bleiben, heben sie ihren Kopf nur, wenn sie gefüttert werden.

Nach dieser ersten, nur wenige Tage dauernden Fütterungsperiode, in der das Weibchen allein mit vorverdauter Nahrung aus ihrem Vormagen füttert, erfolgt die weitere Nahrungsversorgung der Jungen durch Fütterung mit vorgequollener Nahrung aus dem Kropf. An dieser Fütterung beteiligt sich bald auch das Männchen.

Die weitere Entwicklung der Jungen sollte durch vorsichtige Kontrollen überwacht werden. Jungvögel, die nicht genug Nahrung erhalten, zeigen oft keine direkt sichtbaren Zeichen, die darauf hindeuten. Bei noch nackten Jungvögeln kann man jedoch gut erkennen, ob ihr Kropf gefüllt ist oder nicht. Jungvögel, die sich nicht wie gewünscht entwickeln, können, wenn man sie durch die Kontrolluke aus dem Nistkasten nehmen kann, meist ohne allzu große Störung gefüttert werden. Da die Elternvögel jedoch meist aggressiv sind, ist es gut, wenn sie durch eine Hilfsperson abgelenkt werden können. Bei der Zusatzfütterung wird so verfahren, wie im Abschnitt »Künstliche Aufzucht« beschrieben wird. Nach der Fütterung wird der Jungvogel wieder in den Nistkasten zurückgesetzt.

Bei allen Papageienvögeln ist die Zeitspanne zwischen dem Schlupf und dem Verlassen der Bruthöhle verhältnismäßig lang. Je nach Art dauert es 28 bis 95 Tage, bis die Jungen herangewachsen sind und voll befiedert ihre Nisthöhle verlassen. Kurze Zeit später beginnen sie, auch selbständig Nahrung aufzunehmen. Das bedeutet jedoch nicht, daß sie bereits in der Lage sind, sich selbst zu versorgen. Die zu diesem Zeitpunkt oft bereits flugfähigen Jungen werden noch längere Zeit von den Eltern, vorwiegend vom Männchen, gefüttert.

Jungvögel, die ihre Bruthöhle verlassen, verlieren anfänglich an Körpergewicht. Das ist völlig normal, da die Umstellung viel Energie erfordert, die sich nicht sofort durch erhöhte Nahrungsaufnahme ersetzen läßt. Diese vorübergehende Gewichtsabnahme wird jedoch innerhalb der nächsten Lebenswochen schnell wieder ausgeglichen.

Zusätzliches Futter für brütende und fütternde Papageien

Hochgradig auf Grassämereien spezialisierte Sittiche können in der Regel ihre Jungen ausschließlich oder fast ausschließlich mit vorverdautem Körnerfutter normaler Zusammensetzung aufziehen. Daraus den Schluß zu ziehen, daß das auch für andere Papageien gilt, die ja ihre Jungen ebenfalls mit vorverdauter Nahrung füttern, wäre jedoch ein Trugschluß.

Für die steppenlebenden und einseitig von Grassämereien lebenden Sittiche, wie etwa den Wellensittich, ist ein reichliches Angebot geeigneter **Sämereien** bereits die beste Voraussetzung für das Brutgeschäft. Viele andere Papageien dagegen brüten in der Natur nur dann, wenn bestimmte, oft nur periodisch zugängliche Futtersorten zur Verfügung stehen. Deshalb ist es angebracht, Brutpaaren zusätzliche Futterstoffe anzubieten, was übrigens auch bei vielen der auf Grassämereien spezialisierten Sittiche die Aufzuchtresultate verbessern kann.

Wichtig ist, daß zusätzliche Futterstoffe schon vom Beginn der Brutzeit an angeboten werden, so daß sich die in ihren Nahrungsgewohnheiten nicht selten recht konservativen Vögel daran gewöhnen und »auf den Geschmack kommen«.

Ein gutes und brutanregendes Zusatzfutter, das allen Papageienvögeln während der Brutperiode zur Verfügung stehen sollte, ist **Keimfutter** jeder Art. Ähnlich wertvoll und von den Vögeln fast immer gern gefressen werden halbreife Samen verschiedener Art, wie grüne Maiskolben und grüne Erbsen, aber auch Fruchtstände von Getreide wie Weizenähren oder Haferrispen in noch nicht voll ausgereiftem Zustand. Für die kleinsten Arten kommen auch noch grüne **Fruchtstände verschiedener Wildpflanzen** wie Wegerich, Hirtentäschelkraut, Arnika und Löwenzahn in Betracht. Alle noch grünen Sämereien können, in Plastiktüten verpackt, tiefgefroren werden, so daß sie unabhängig von der Jahreszeit zur Verfügung stehen.

Ein stark brutanregendes Futter für alle größeren Papageien, aber auch für manche Keilschwanzsittiche, sind **Nüsse** jeder Art. In der Zeit, in der sie ihre Jungen füttern, gibt man ihnen außerdem in Milch aufgeweichtes **Weißbrot** und im Zoo-Fachhandel erhältliches **Weichfresserfutter.** Vögel kleinerer Arten erhalten anstelle von Weißbrot in Milch aufgeweichten Diätzwieback.

Von größter Wichtigkeit ist, daß brütenden und besonders fütternden Elterntieren ein breites Angebot an **Früchten** und **Grünfutter** zur Verfügung steht. Dabei kann man oft die Feststellung machen, daß die Vögel plötzlich ihre Gewohnheiten ändern und Futterstoffe zu sich nehmen, die sie früher verschmäht haben. So ist bekannt, daß fütternde Kakadus zu dieser Zeit große Mengen an Grünfutter zu sich nehmen.

Wichtig ist weiterhin, daß auch Futterstoffe angeboten werden, die **tierische Eiweißstoffe** (animalische Proteine) enthalten. Bei den kleineren Arten verwendet man zu diesem Zweck am einfachsten ein sogenanntes »Eifutter«, wie es in Zoo-Fachgeschäften erhältlich ist. Einige Tiere nehmen auch gern hartgekochtes und feingehacktes Hühnerei. Auch manche Exemplare größerer Arten fressen Ei als zusätzliche Kost.

Viele Papageien nehmen während der Brutperiode animalisches Futter zu sich.

Von Edelpapageien, aber auch von verschiedenen Amazonen ist bekannt, daß manche von ihnen während der Brutperiode rohes Fleisch fressen. Aus Gründen der Futterhygiene ist rohes Fleisch jedoch immer bedenklich; es kann nahrungsphysiologisch vollwertig durch pelletierte Futtermittel ersetzt werden. Es sind heute Futterpellets für Papageien erhältlich, die neben tierischem Eiweiß und Fett Kohlenhydrate, Vitamine und Spurenstoffe enthalten. Das Problem ist nur, daß Papageien oft ihren »eigenen Kopf« haben. So hat es der Verfasser erlebt, daß fütternde Aras die für teures Geld aus USA importierten Spezialpellets verschmähten, aber mit sichtlichem Genuß an im Lande produzierten Hundekuchen knabberten – die, wenn man den Inhaltsangaben beider Produkte Glauben schenken darf, fast die gleichen Grundkomponenten enthielten.

Künstliche Aufzucht

Mitunter kommt es vor, daß Jungvögel von den Eltern vernachlässigt werden oder daß die Eltern nach einer Störung ihren Nachwuchs seinem Schicksal überlassen. In diesem Fall müssen die Jungen künstlich aufgezogen werden.

Bei der künstlichen Aufzucht müssen die Jungtiere täglich mehrere Male gefüttert werden.

Eine künstliche Aufzucht von Papageien ist, wenn man sie nur fütterungstechnisch betrachtet, nicht schwer, wegen den langen Entwicklungszeiten dieser Vögel jedoch sehr arbeitsintensiv. Bei den größeren Arten müssen die Jungvögel über Monate hinweg täglich mehrere Male gefüttert werden.

Falls eine künstliche Aufzucht notwendig wird, bringt man die Jungen in einem Karton unter, der, wenn es sich um noch nackte oder halbnackte Tiere handelt, bei einer Temperatur von 28 bis 30 °C aufgestellt wird. Sind die Jungvögel bereits voll befiedert, ist eine Temperatur von 25 °C ausreichend. Auf den Kartonboden legt man eine Lage Haushaltspapier, die täglich zwei- bis dreimal ausgewechselt werden muß.

Die Fütterung der meisten Jungvögel kann mit einer Einwegspritze erfolgen. Es bereitet nur selten Schwierigkeiten, die Jungvögel direkt mit dem Spritzenstutzen (auf den bei normalem Gebrauch die Kanüle aufgesetzt wird) zu füttern. Da das Weibchen beim Füttern normalerweise mit seinem Schnabel den Schnabel des Jungvogels umfaßt, kann man anfänglich einen Finger ringförmig um den Spritzenstutzen legen, um dem Jungtier einen Halt zu geben.

Eine andere Möglichkeit ist, auf den Spritzenstutzen ein kurzes Stück eines Ventilgummi-Schlauches zu setzen und dem Jungvogel die Nahrung direkt in den Kropf zu geben. Schon ältere Jungvögel großer Arten können auch mit einer Tortenspritze gefüttert werden. Von einigen Spezialgeschäften werden neuerdings auch besondere Futterspritzen geführt.

Als Futter gibt man während der ersten Lebenswochen ein Gemisch aus Kleinkindernahrung und Maisbrei. Die Mischung sollte nicht zu dickflüssig sein. Bei Verwendung von vitaminisierter Kindernahrung kann auf einen Vitaminzusatz verzichtet werden. Von der zweiten Lebenswoche an wird dem Futtergemisch etwas Eigelb zugesetzt. Anfänglich füttert man die Jungvögel in der Zeitperiode von 6 bis 22 Uhr jede zweite Stunde. Das Futtergemisch sollte handwarm sein und zweimal täglich frisch zubereitet werden.

Bei Jungvögeln größerer Arten ist es zweckmäßig, etwa von der zweiten Lebenswoche an nach und nach auf eine etwas kräftigere Futtermischung überzugehen. Eine Mischung, die sich bei der Aufzucht von Amazonen und Graupapageien bewährt hat, bereitet man aus 50 g Weizenschrot, Eigelb von zwei Eiern und etwas Kondensmilch zu (nicht aus Sahne). Die genannten Bestandteile werden mit Wasser verrührt und bei schwacher Wärme zu einem dünnflüssigen Brei aufgekocht. Nach einer weiteren Woche wird dieser Mischung etwas zerdrückte Banane beigemischt. Wird nichts anderes verfüttert, sollte außerdem ein Multivitaminpräparat zugesetzt werden.

Grundsätzlich sollten Vitaminzusätze entsprechend der für das Präparat geltenden Dosierungsangaben erfolgen. Dabei muß bei so kleinen Tieren wie Jungvögeln von Papageien die Dosis entsprechend ihrem Körpergewicht umgerechnet werden. Zwar schadet eine zu hohe Menge an wasserlöslichen Vitaminen kaum; zu viel fettlösliches Vitamin D kann aber gefährlich sein.

Eine einfache Möglichkeit der Herstellung eines vollwertigen Futters für die künstliche Aufzucht von Papageien ist die Bereitung eines Futterbreies aus gutem pelletiertem Futter für kleinere Sittiche. Zum Zweck der Futterbereitung werden die Pellets lediglich in lauwarmem Wasser aufgeschwemmt und zu einem Brei gewünschter Beschaffenheit verrührt. Bei jeder Fütterung wird der Brei frisch zubereitet. Da in einem guten Pelletfutter alle für eine normale Entwicklung notwendigen Stoffe enthalten sind, erübrigen sich weitere Zusätze.

Wichtig ist, daß alle Übergänge zwischen verschiedenen Futtermischungen nicht plötzlich erfolgen dürfen. Wieviel zu füttern ist, kann man bei noch nackten oder nur teilweise befiederten Jungvögeln an ihrem Kropf sehen und bei befiederten

Jungvögeln vorsichtig mit den Fingern ertasten.

Ammenaufzucht, künstliche Brut

Um Junge schlecht brütender oder fütternder Paare zu retten, bedienen sich manche Züchter artfremder »Ammen«. Die Eier oder die Jungen der unzuverlässigen Elterntiere werden zuverlässigen Paaren untergeschoben. Bei der Ammenaufzucht von Jungvögeln entsprechender Größe haben sich besonders Nymphen- und Grassittiche bewährt. Bei den kleinsten Arten, wie etwa Sperlingspapageien, sind auch schon Wellensittiche als Ammen verwendet worden.

Künstliche Brut mit Hilfe eines Brutapparates ist in derartigen Fällen ebenfalls möglich und technisch kein Problem. Zu vertreten ist eine solche künstliche Brut nur dann, wenn Weibchen nur selten vermehrter Arten zwar laufend befruchtete Eier legen, sie aber nicht bebrüten.

Künstliche Brut erfordert viel Aufmerksamkeit und Sorgfalt. Die im Brutapparat liegenden Eier müssen täglich zweimal gewendet werden. Die Funktionen des Brutapparates, wie Temperatur und Luftfeuchtigkeit, müssen laufend überwacht und die geschlüpften Jungen vom Schlupf an gefüttert werden.

Bei Anwendung eines Brutapparates ist zu beachten: Der Brutapparat sollte schon am Tage vor dem Brutbeginn in Betrieb gesetzt und Bruttemperatur und Luftfeuchtigkeit einreguliert werden. Die Bruttemperatur sollte 37–38 °C, die Luftfeuchtigkeit 62–65 % betragen.

Mutationen und andere Veränderungen

Mutationen, also sprunghafte Veränderungen erblicher Eigenschaften, sind auch bei wildlebenden Tieren nicht selten. Da aber Veränderungen, wie etwa eine abweichende Färbung, nur selten von Vorteil für das betroffene Tier sind, fallen die meisten Mutationen in der Natur bald dem Kampf ums Dasein zum Opfer. Da aber Mutationsexemplare oft physisch gegenüber ihren Artverwandten nicht benachteiligt sind und die natürlichen Auswahlskriterien fortfallen, überleben sie unter den in menschlicher Obhut gehaltenen Tieren. Aus diesem Umstand wird oft der falsche Schluß gezogen, daß Mutationen unter wild lebenden Tieren seltener seien.

In der Tierzucht werden Mutationen häufig als Ausgangsmaterial für von Zuchtstämmen mit veränderten Eigenschaften verwendet. Traditionell ist das Interesse an solchen von Mutationen ausgehenden Zuchten in USA, aber auch in Großbritannien erheblich höher als in den Ländern des europäischen Festlandes.

Mutationen, die die Tiere in ihrem natürlichen Verhalten behindern, sollten nicht als Grundlage von Zuchtstämmen dienen.

Solange sich das Bestreben derartiger Mutationszuchten auf Nachzuchten von Farb- oder Zeichnungsmustern beschränkt, ist nichts dagegen einzuwenden. Es ist schließlich Geschmackssache, ob man einen Opalin-Wellensittich schöner findet als einen naturfarbig grünen oder ein gelbfarbiges Rosenköpfchen schöner als ein naturfarbiges. Kritisch wird es jedoch, wenn sich die Mutationszüchter nicht mit Veränderungen der Färbung oder der Zeichnung begnüngen, sondern auch unkontrolliert Mutationsexemplare mit eindeutig »lebensfeindlichen« Eigenschaften nachzüchten. So ist es beispielsweise in England geschehen, daß Wellensittiche mit pfauenartig verlängerten Federn herausgezüchtet wurden, die nicht nur flugunfähig waren, sondern sich auch im übrigen nur unbeholfen bewegen konnten. Bestrebungen dieser Art haben absolut nichts mit einer seriösen Zucht zu tun.

Von zweifelhaftem Wert sind auch die einseitig auf die Produktion sogenannter »Ausstellungsvögel« ausgerichteten Zuchtbestrebungen. Bei Wellensittichen haben die Bemühungen, Aussehen und

Seriöse Züchter versuchen, unerwünschten Domestikationserscheinungen entgegenzuwirken.

Größe der Vögel an den »englischen Standard« anzupassen, zur planmäßigen Vermehrung möglichst großer (Minimallänge 21,6 cm) und plumper Wellensittiche geführt, die auf Ausstellungen hoch bewertet und als »edel« bezeichnet werden. Mit Hilfe dieser auf ein biologisch falsches Zuchtziel ausgerichteten Bestrebungen hat man einen von Natur aus zierlichen, eleganten und lebhaften Vogel in einen großen und plumpen »Broiler« verwandelt.

Daß Vögel, ja Tiere überhaupt, die über Generationen hinweg in menschlicher Obhut vermehrt worden sind, größer und kräftiger werden als ihre wildlebenden Verwandten, ist nicht ungewöhnlich. Diese an sich normale Erscheinung durch eine systematische Zuchtauswahl weiter zu verstärken, ist jedoch für unsere Heimvögel von zweifelhaftem Wert. Zum Glück versuchen seriöse Züchter heute, unerwünschten Domestikationserscheinungen entgegenzuwirken, um so zumindest die ursprüngliche Körperform auch bei den Nachzuchten zu bewahren.

Was die auf Ausstellungen oft besonders hoch bewerteten übergroßen Wellensittiche betrifft, so sind sie gar nicht so selten das Resultat eines einfachen züchterischen Tricks, der den sogenannten Heterosis-Effekt ausnutzt. Dieser Effekt äußert sich darin, daß die Nachkommen aus einer Verpaarung von Elterntieren, die beide voneinander unabhängigen, lange durchgezüchteten Inzuchtlinien entstammen, besonders groß werden, nicht selten fast um die Hälfte größer als ihre Eltern.

Der »Betrogene« ist der Käufer, der die Tiere für teures Geld erwirbt, in der Hoffnung, mit ihrer Hilfe neue Riesenvögel züchten zu können. Der durch den Heterosis-Effekt bedingte Riesenwuchs vererbt sich nämlich nicht weiter.

Hier auf die Vererbungsregeln näher einzugehen, deren Kenntnis bei der Zucht von Mutationsformen unerläßlich ist, würde zu weit führen. Interessenten finden Angaben über einschlägige Literatur im Literaturverzeichnis.

Hybriden

Kreuzungen nahe miteinander verwandter Arten sind bei in menschlicher Obhut gehaltenen Papageien nicht selten. Die als Resultat aus einer artungleichen Paarbildung hervorgegangenen Nachkommen bezeichnet man meistens als Hybriden (= Mischlinge); sie sind in den meisten Fällen steril.

Kreuzungen zwischen größeren Arten kommen am häufigsten in zoologischen Gärten und Vogelparks vor, wenn mehrere Arten in gemeinsamen Volieren oder anderen gemeinsamen Anlagen untergebracht worden sind. So leben an vielen deutschen Tierparks absonderlich gefärbte Mischlinge verschiedener Ara-Arten; in australischen Zoos kann man einige Mischlingskombinationen von Kakadus mit seltsamen Farben bewundern.

Es ist oft behauptet worden, daß derartige Mischlinge hauptsächlich deshalb entstünden, weil es bei der Paarbildung an geeigneten Partnern gefehlt habe. Das ist jedoch nur bedingt richtig. Zumindest bei Aras ist es schon häufiger zu artungleichen Paarbildungen gekommen, obwohl ledige artgleiche Partner zur Verfügung gestanden hätten. Das Grundverhalten der Ara-Arten stimmt anscheinend so weitgehend überein, daß es auch über die Artgrenzen hinweg zu Paarbildungen kommen kann. Wenn sie aber einmal etabliert sind, haben sie auch dann Bestand, wenn artgleiche ledige Partner in derselben Anlage gehalten werden. Außer bei Aras und Kakadus sind, wenn auch wesentlich seltener, auch einige Kreuzungen von verschiedenen Amazonenarten bekanntgeworden.

Als einzelner Familienvogel kann ein Hybride genausogut geeignet sein wie ein artreiner Papagei. Doch ist Hybridenzucht nichts Erstrebenswertes. Es ist heute viel wichtiger, die vorhandenen zur Zucht geeigneten Papageien in fachmännisch geführten Zuchtprogrammen einzusetzen.

Vorbeugung und Behandlung von Krankheiten

Von wenigen Ausnahmen abgesehen, sind einmal richtig eingewöhnte Papageien harte und unempfindliche Pfleglinge. Da aber bei kleineren warmblütigen Tieren mit schnellem Stoffwechsel, wie Vögel es sind, Krankheiten sehr schnell verlaufen, ist der Erfolg einer Behandlung oft davon abhängig, daß bereits die ersten Anzeichen einer Erkrankung erkannt werden.

Vorbeugungsmaßnahmen

Bevor wir uns den Krankheitssymptomen und Krankheiten zuwenden, seien einige Vorbeugungsmaßnahmen erläutert, denn meist ist es leichter, Krankheiten zu verhüten als zu heilen.

Für die Gesunderhaltung unserer Pfleglinge ist neben den Grundvoraussetzungen ihrer Haltung, wie der zweckmäßigen Unterbringung und der für die betreffende Art richtigen Fütterung, auch die Haltungshygiene wichtig, die jedoch nicht nur aus der Futterhygiene besteht. Besonders wenn eine größere Anzahl von Vögeln in Innenräumen gehalten wird, sollte man auch auf die Belüftungs- und Luftverhältnisse achten. Für die Gesunderhaltung ist gute Atemluft genauso wichtig wie einwandfreie Nahrung.

Luftbefeuchter und Ionisator

Luftbefeuchter und Ionisatoren sind zwei einfache Hilfsmittel, die eingesetzt werden können, um die Innenluft von Zuchträumen zu verbessern. Daß der normale Schlupf bei vielen Arten eine gewisse Luftfeuchtigkeit voraussetzt, wurde im Abschnitt Zucht bereits erwähnt. Außerdem belastet eine allzu trockene Luft in Innenräumen die Schleimhäute der Luftwege und macht sie empfindlich gegen Infektionen. Um eine bestimmte Luft-

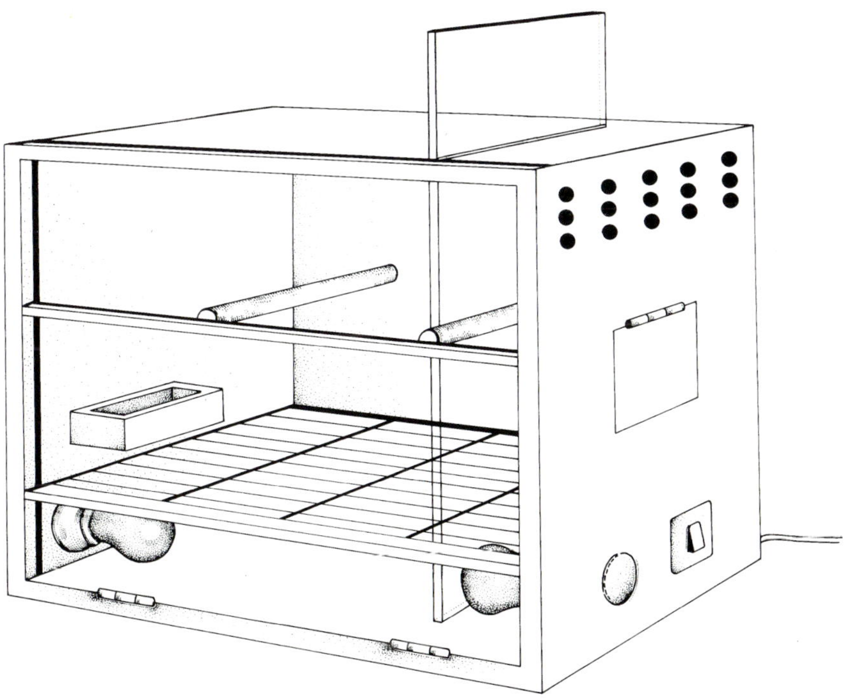

Krankenkäfig mit thermostatgesteuerter Heizung durch zwei Dunkelstrahler. Um große Tiere unterzubringen, kann das Bodengitter herausgenommen und von oben in den Käfig geschoben werden, so daß es den Vogel von einem Dunkelstrahler abschirmt. Der andere muß abgeschaltet werden.

feuchtigkeit einhalten zu können, ist daher der Einsatz eines Luftbefeuchters häufig angebracht.

Ionisatoren sind elektrisch betriebene Geräte, die in der Luft befindliche Teilchen elektrostatisch laden, so daß sie sich mit entgegengesetzt geladenen Teilchen zusammenballen. Dadurch nimmt der Anteil der in der Luft befindlichen Staubpartikel, Pilzsporen und Krankheitserreger ab, da sie zu Boden sinken oder sich an den Wänden ablagern. Durch den Einsatz von Ionisatoren wurde es manchem unter Stauballergien leidenden Vogelliebhaber möglich, sich auch weiterhin seiner Liebhaberei widmen zu können.

Wärmestrahler und Krankenkäfig

Hilfsmittel, die bei der Behandlung von Erkrankungen oft benötigt werden, sind Wärmequellen verschiedener Art. Wärme ist bei vielen Erkrankungen bereits ein probates Heilmittel. Schon aus diesem Grunde sollte jeder Papageienbesitzer zumindest eine einfache Infrarotlampe in Bereitschaft halten. Gegenüber einem normalen Käfig, der durch eine daneben gestellte Infrarotlampe erwärmt wird, hat der auf der vorigen Seite abgebildete Krankenkäfig viele Vorteile. Die Wärmequellen in Form von Infrarotlampen (Dunkelstrahler) sind im unteren Bereich des Käfigs eingebaut; ihre Wärmeabstrahlung wird über einen eingebauten Thermostat reguliert.

Wichtig ist, daß die Sitzstangen beliebig ausgewechselt werden können. Das Bodengitter muß herausnehmbar sein; es soll bei Bedarf, von oben her als Trenngitter eingeschoben, einen Vogel daran hindern, zu nahe an die Wärmequelle zu kommen. Das ist besonders wichtig, wenn größere Patienten sich im Krankenkäfig befinden und dann häufig am Boden sitzen. In diesem Fall wird einer der Wärmestrahler abgeschaltet und der auf dem Boden sitzende Vogel durch das von oben senkrecht eingeschobene Trenngitter vor einer direkten Berührung mit dem eingeschalteten Wärmestrahler geschützt.

Weitere Hilfsmittel, die bei der Behandlung erkrankter Papageien mitunter benötigt werden, sind Pipetten, Meßgläser, Einwegspritzen und Scheren, außerdem Desinfektionsmittel zur Wunddesinfektion und blutstillende Mittel, wie Eisenchloridwatte. Wird eine größere Anzahl von Vögeln gehalten, ist es auch anzuraten, häufig im Zusammenhang mit »unterstützender Behandlung« zur Anwendung kommende Vitaminpräparate im Hause zu haben. Die Präparate sind grundsätzlich im Kühlschrank aufzubewahren.

Bevor wir uns den Krankheitssymptomen und Krankheiten zuwenden, seien noch zwei Dinge erwähnt, die keine krankhaften Erscheinungen sind, aber in ihrer Erscheinungsform mitunter als solche gedeutet werden.

Die Mauser

Die meisten Papageien- und Sittícharten wechseln ihr Federkleid nicht in einer festgelegten Mauserperiode.

Die Mauser ist keine krankhafte Erscheinung, sondern die normale Federerneuerung, in deren Verlauf die alten Federn abgestoßen und durch neue ersetzt werden. Normalerweise wechseln Vögel innerhalb hormonell gesteuerter Perioden ein- oder zweimal im Jahre ihre Federn ganz oder teilweise. Bei den meisten Arten der Papageienvögel sind derartige Mauserperioden eher die Ausnahme als die Regel. Die meisten Arten erneuern ihr Federkleid fortlaufend und haben keine ausgesprochenen Mauserperioden.

Untersucht man einmal das Federkleid einer zahmen Amazone oder eines Graupapageis genauer, so wird man zwischen fertig entwickelten Federn auch neue Federn in allen Entwicklungsstadien und noch geschlossene Federkiele finden. Es ist also vollständig normal, daß Papageien laufend Federn verlieren. Deutlicher markierte Mauserperioden kommen bei manchen Sittichen im Anschluß an die Brutperiode vor.

Staubende Federn sind bei sehr vielen Arten ebenfalls eine vollständig normale

Erscheinung. Im Federkleid der meisten Papageienvögel befinden sich nämlich viele sogenannte Puderdaunen, die laufend ein puderartiges Sekret absondern, das sich auf die Außenseite der Konturfedern legt. Bei vielen Papageienarten ersetzen diese Daunen in mehr oder weniger großem Ausmaß die Bürzeldrüse. Bei sehr vielen Vögeln produziert diese Drüse eine fettige Substanz, mit der sich der Vogel bei seiner täglichen Gefiederpflege seine Konturfedern einfettet, um sie wasserabweisend zu machen. Viele Papageienarten haben mit den Puderdaunen im Laufe ihrer Evolution eine andere Strategie eingeschlagen, um ihre Federn wasserabweisend zu machen.

Bei einigen Gruppen von Papageien, wie etwa den Keilschwanzsittichen, fehlt die Bürzeldrüse vollständig. Bei vielen anderen Arten ist sie bei einer anatomischen Untersuchung nur noch als »rudimentärer Rest« festzustellen und nicht mehr funktionstauglich. Nicht in jedem Falle kann jedoch exakt gesagt werden, welche Arten funktionierende Bürzeldrüsen haben und welche nicht. So konnten bei Kakadus, die alle zahlreiche Puderdaunen im Gefieder haben, bei manchen Exemplaren daneben auch funktionierende Bürzeldrüsen gefunden werden. Es ist jedoch zu bedenken, daß entsprechende Untersuchungen in der Regel im Zusammenhang mit Obduktionen toter Vögel gemacht wurden, wobei durch vorausgegangene Krankheiten bedingte Erscheinungen auf den Obduktionsbefund einwirken können.

Kakadus haben im allgemeinen sehr viele Puderdaunen im Gefieder; das gleiche gilt für Nymphensittiche. Man findet Puderdaunen jedoch auch bei vielen anderen Papageien und Sittichen. Daß bei den meisten Papageien die Federn »stauben«, ist also eine völlig normale Erscheinung.

Krankheitssymptome

Eine beginnende Erkrankung zeigt sich fast immer in einer Veränderung des Verhaltens des betroffenen Vogels. Um eine solche Veränderung frühzeitig zu erkennen, ist es wichtig, sein normales Verhalten zu kennen. Vermutet man, daß nicht alles zum besten steht, beobachtet man den Vogel genauer. Dabei sollte man nach Möglichkeit so stehen oder sitzen, daß es der Vogel nicht merkt. Gut eingewöhnte oder zahme Papageien können, wenn sie sich beobachtet fühlen, ihren wahren Zustand oft über eine längere Zeit hinweg erfolgreich »verschleiern«. Beim Beobachten von in Freilandvolieren gehaltenen Vögeln kann ein Fernglas eine gute Hilfe sein.

Kranke Vögel wirken oft viel ruhiger als ihre Artgenossen. Ein kranker Vogel schläft mehr als normal, häufig mit beiden Füßen auf der Stange sitzend und mit aufgeplustertem Gefieder. Die Atmung ist häufig beschleunigt und kann so deutlich sein, daß sich der Schwanz bei jedem Atemzug ruckartig bewegt. Auch wenn ein normalerweise scheuer und zurückhaltender Vogel plötzlich zahmer wirkt, ist das fast immer ein schlechtes Zeichen, da es sich wahrscheinlich um eine krankheitsbedingte Apathie handelt. Andere Zeichen, die auf eine Erkrankung hindeuten, sind unzureichende Nahrungsaufnahme oder Nahrungsverweigerung und Durchfälle.

Frühzeitige Erkennung von Krankheiten setzt eine gute Kenntnis des natürlichen Verhaltens der Vögel voraus.

Erste Hilfe

Bei allen Symptomen, die sich durch beschleunigte Atmung, Niesen und Husten äußerten, sollte der betroffene Vogel sofort wärmer gehalten werden. Bei kühler Witterung überführt man Vögel aus Freilandvolieren zunächst in Räumlichkeiten mit normaler Zimmertemperatur; einige Stunden später erhöht man die Temperatur auf etwa 30 °C. Vögel, die in

Innenräumen gehalten werden, bringt man sofort bei dieser Temperatur unter. Bei Verwendung eines Wärmestrahlers ist darauf zu achten, daß der Vogel selbst den Abstand zur Wärmequelle bestimmen kann; er soll also auch im Krankenkäfig allzu intensiver Bestrahlung ausweichen können. Schleimverkrustete Nasenlöcher pinselt man mit einer einprozentigen Kochsalzlösung ein.

Nachdem der Vogel im Krankenkäfig untergebracht worden ist, sollte er genau beobachtet werden. Zu beachten ist, ob er seine Federn putzt oder nicht, wie er atmet und wie er sitzt, ob und wie er frißt und wie er seine Exkremente von sich gibt. Gleichzeitig kontrolliert man seine Ausscheidungen; ist man unsicher, können sie mit denen gesunder Vögel verglichen werden. Sollte es sich als notwendig erweisen, einen Tierarzt zu Rate zu ziehen, können derartige Beobachtungen eine Diagnose erleichtern.

Bei Störungen der Atmung ist unverzüglich der Rat eines Tierarztes einzuholen.

Bei beschleunigter Atmung, die durch wippende Schwanzbewegungen bei jedem Atemzug begleitet wird, sollte man sofort tierärztlichen Rat einholen. Häufig kennzeichnet dieses Symptom bereits eine Lungenentzündung, die nur mit Antibiotika erfolgreich behandelt werden kann. Da Antibiotika rezeptpflichtig sind, ist auch ein erfahrener Papageienhalter auf den Tierarzt angewiesen.

Bei unklaren Symptomen und weniger akutem Krankheitsbild kann der erfahrene Papageienhalter oder -züchter den Vogel selbst genauer untersuchen, bevor er einen Tierarzt konsultiert. In solchen Fällen kann es mitunter genügen, telefonisch Rat einzuholen.

Nähere Untersuchung

Um einen nicht vollständig zahmen Vogel näher zu untersuchen, muß das Tier eingefangen werden. In Freilandvolieren fängt man den Vogel am besten mit einem Kescher, dessen Netzbügel aus elastischem Material (beispielsweise Spanischem Rohr) besteht. In Innenräumen können kleinere Vögel bei Dämmerlicht meist ohne Schwierigkeiten mit den Händen ergriffen werden.

Bei der Untersuchung größerer Papageien benötigt man oft einen Helfer, der den Vogel festhält. Begonnen wird eine nähere Untersuchung am Kopf mit der Betrachtung der Augen und Augenlider. Glanzlose, trockene Augen können allgemein als ein Erkrankungssymptom betrachtet werden. Entzündete Augen oder Augenlider, nicht selten verbunden mit Schorfbildung am Augenlid, können eine lokale Infektion als Ursache haben; aber auch bei Ornithoseinfektionen können ähnliche Symptome vorliegen.

Die Bindehaut

Die Färbung der Bindehaut, die sich am leichtesten an der Innenseite des unteren Augenlides erkennen läßt, sagt viel über den Allgemeinzustand eines Vogels aus. Eine bleiche Färbung deutet auf eine allgemein schlechte Verfassung, Unterernährung und Blutarmut (Anämie) hin. Bei sehr alten Vögeln ist die Färbung der Bindehaut immer bleich. Eine gelbliche Verfärbung deutet auf Leberschäden hin. Um einen richtigen Farbeindruck von den Farbveränderungen der Bindehaut zu bekommen, sollte man sich bei passender Gelegenheit einmal die Bindehaut eines gesunden Vogels näher ansehen.

Der Kropf

Eine andere Maßnahme, die beim Umsetzen und bei ähnlichen Gelegenheiten leicht durchzuführen ist, ist die Ermittlung des Körpergewichtes. Die Kenntnis des Körpergewichtes kann, falls einmal eine Behandlung mit Medikamenten notwendig sein sollte, die Berechnung der erforderlichen Dosis erleichtern. Durch vorsichtiges Abtasten kann man fühlen, ob der Kropf gefüllt ist oder nicht. Ist er jedoch sehr fest oder sogar sichtlich angeschwollen, so kann eine Kropfverstopfung vorliegen. Knotenbildungen oder Geschwülste in Haut und Muskulatur können ebenfalls häufig beim vorsichtigen Abtasten mit den Fingerspitzen gespürt werden. Schwieriger ist es, Geschwülste in der Bauchhöhle festzustellen; bei kleineren Vögeln fällt es meist leichter als bei größeren. Handelt es sich bei dem Vogel, bei dem eine solche Schwellung zu fühlen ist, um ein Weibchen, so kann es sich um ein voll entwickeltes Ei handeln. Um das herauszufinden, muß man die genaue Lage des Muskelmagens kennen, da er sich genau wie ein Ei anfühlen kann.

Die Kloake

Eine nach außen vorgestülpte Kloake mit rötlichen Schleimhäuten deutet auf Verdauungsstörungen hin, beispielsweise Durchfall. Durchfälle können vielerlei Ursachen haben und bei nervösen Vögeln bereits durch Streß ausgelöst werden. Andere Vögel können äußerst empfindlich auf Veränderungen in der Futterzusammensetzung reagieren. Treten Durchfälle gleichzeitig bei mehreren Vögeln auf, kann auch eine bakterielle Infektion die Ursache sein. In diesem Falle ist es anzuraten, eine Kotprobe zur Untersuchung einzusenden.

Auch Endoparasiten (innere Parasiten) können die Ursache eines schlechten Gesundheitszustandes sein. In diesem Falle gibt eine parasitologische Untersuchung einer Kotprobe Auskunft über die Art des Parasiten und damit die Möglichkeit, ihn zu bekämpfen.

Wichtig ist, daß zur Untersuchung eingesandte Kotproben auf dem schnellsten Weg befördert werden. Es muß genau angegeben werden, ob eine bakteriologische oder eine parasitologische Untersuchung ausgeführt werden soll und daß es sich um die Kotprobe eines Papageien – möglichst mit genauer Artangabe – handelt.

Angaben über das nächste Laboratorium, das Untersuchungen von Kotproben ausführt, können beim Amtstierarzt eingeholt werden. Kotproben sind in gut verschlossenen Plastik- oder Glasröhrchen zu verpacken und entsprechend dem oben Gesagten zu beschriften.

Untersuchung durch den Tierarzt

Gelingt es nicht direkt und schnell zu ermitteln, warum sich ein Vogel nicht wohlfühlt, sollte man einen Tierarzt zu Rate ziehen. Das ist jedoch oft leichter gesagt als getan. Wirkliche Vogelspezialisten sind auch heute noch unter Tierärzten eher die Ausnahme als die Regel. Zwar hat sich die Situation für den auf tierärztliche Hilfe angewiesenen Vogelhalter während der letzten Jahrzehnte erheblich verbessert; an größeren Orten findet man heute meist eine tierärztliche Praxis, die die notwendigen Kenntnisse und Erfahrungen in der Behandlung erkrankter Vögel hat. Örtliche Vereine von Vogelliebhabern und -züchtern können fast immer Auskunft geben, denn unter etablierten Vogelhaltern spricht sich schnell herum, wo ein »Vogelspezialist« zu finden ist.

Ganz unabhängig vom akuten Bedarf sollte sich jeder Papageienhalter rechtzeitig informieren, wo er im Bedarfsfalle sachkundige tierärztliche Hilfe finden kann.

Bevor ein Tier erkrankt ist, sollte man bereits die Adresse eines »vogelkundigen« Tierarztes zur Hand haben.

Infektionskrankheiten

Infektionskrankheiten werden durch Mikroorganismen, wie Viren, Bakterien, Protozoen und Pilze verursacht. Nicht immer hat eine Erkrankung lediglich einen Krankheitserreger als Ursache. Es kommen auch sogenannte Mischinfektionen vor, an denen mehrere Erreger beteiligt sind. Bei Vögeln ist es auch nicht ungewöhnlich, daß verschiedene Infektionen hintereinander auftreten. Durch eine

Gut eingewöhnte Tiere bei privaten Pflegern erkranken nur selten an Infektionskrankheiten.

überstandene Virusinfektion geschwächte Vögel können beispielsweise leicht an einer bakteriellen Infektion erkranken.

Andere Faktoren, die Infektionen allgemein begünstigen, sind plötzliche Abkühlung, Streß, Transporte und veränderte Haltungsbedingungen. Der gemeinsame Faktor der genannten Ursachen ist fast immer Streß.

Gesunde, einmal richtig eingewöhnte Papageien, die nicht mit anderen Vögeln in Kontakt stehen, erkranken nur äußerst selten an Infektionskrankheiten. Größer ist die Gefahr in allen umfangreichen Vogelbeständen, etwa bei Züchtern und in noch höherem Maß bei Händlern, bei denen ja fortlaufend neue Vögel in die vorhandenen Bestände kommen.

Vogelpocken

Viren besitzen keinen eigenen Stoffwechsel und können sich ausschließlich in lebenden Zellen vermehren. Eine Anzahl von Vogelkrankheiten wird von ihnen verursacht. Für Papageien sind von diesen lediglich die Vogelpocken von Bedeutung.

Vogelpocken werden durch das Virus *Borreliota avium* verursacht, von dem mehrere Formen bekannt sind. Eine dieser Formen ist der Erreger der »Kanarienpocken«, der auch wildlebende einheimische Finkenverwandte infizieren kann. Dieser Typ der Vogelpocken kann auch Papageien befallen. Bei ihnen äußert sich die Erkrankung jedoch nicht in Form der von anderen Vögeln bekannten Krankheitserscheinungen, wie Pockenbefall am Kopf sowie weißen Belägen in Mund und Kehle, sondern in einer blutigen Darminfektion. Besonders in Wellensittichbeständen ist diese Darminfektion schon häufiger aufgetreten. Eine wirksame Behandlungsmethode ist bisher nicht bekannt.

Als Krankheitserreger auftretende Bakterien können im Gegensatz zu Viren fast immer erfolgreich mit Medikamenten wie Antibiotika und Sulfonamiden behandelt werden.

Papageienkrankheit

Ornithose (Psittacose = Papageienkrankheit) wird durch einen Krankheitserreger verursacht, der heute zu den Chlamydien gezählt wird (*Chlamydia psittaci*). Systematisch stehen Chlamydien zwischen Viren und Bakterien; die durch sie verursachte Papageienkrankheit wurde in früheren Jahren zu den Viruserkrankungen gerechnet. Im Gegensatz zu Viruserkrankungen können Chlamydieninfektionen wirksam mit bestimmten Antibiotikapräparaten behandelt werden.

Bis heute ist es nicht vollständig erwiesen, ob bei dieser Erkrankung mehrere Formen des Erregers vorkommen oder ob zumindest manche Papageien empfindlicher auf eine Infektion reagieren als die meisten anderen Vögel. Oft wird zwar zwischen Ornithose und Psittacose unterschieden, aber diese Grenze ist selbst unter veterinärmedizinischen Spezialisten umstritten. Jeder Vogelhalter sollte wissen, daß die Krankheit keineswegs nur bei Papageien vorkommt, sondern auch andere Vögel befallen kann. Bisher konnten so bei mehr als 100 Vogelarten Ornithosefälle nachgewiesen werden. Bezeichnend für diese Erkrankung ist, daß es kaum einen »typischen Krankheitsverlauf« gibt. Alle Symptome von leichten Erkältungserscheinungen bis zu einem schweren Befall der Atmungs- und Verdauungsorgane können vorkommen.

Der Krankheitserreger wird durch den Staub eingetrockneter Kotreste in der Luft verbreitet, kann aber auch in Form einer Tropfeninfektion über den Mund und die Nasenöffnungen ausgeschieden werden. Auch gesund wirkende Vögel können latente Krankheitsträger sein. Legal eingeführte Papageien werden in manchen europäischen Ländern während der Quarantänezeit einer vorbeugenden Behandlung mit speziellen Antibiotika unterzogen. Es gibt jedoch keine Garantie, daß die behandelten Vögel frei von Krankheitserregern sind.

Größere Wellensittichbestände, aber auch Federvieh, Sperlinge und nicht zuletzt die vielen halbwilden Tauben in unseren Städten sind ständige Infektionsherde. Bei der Haltung von Papageienvögeln in Freilandvolieren ist eine Einschleppung der Krankheit durch verunreinigende Wildvögel nie vollständig ausgeschlossen.

Eine sichere Diagnose kann nur durch eine an einem veterinärmedizinischen Institut durchgeführte serologische Untersuchung gestellt werden. Da die Untersuchung aber Zeit erfordert und die Krankheit sehr schnell verlaufen kann, sollte bereits bei Verdacht umgehend eine Behandlung mit Antibiotika eingeleitet werden. Die Behandlung erfolgt nach tierärztlicher Verschreibung mit gegen den Erreger wirksamen Antibiotikapräparaten (Aureomycin, Terramycin, Chlortetracyclin) oder mit speziell für die Behandlung von Papageien entwickeltem Antibiotika-Futter. Bei rechtzeitig eingeleiteter Behandlung lassen sich erkrankte Vögel in den allermeisten Fällen retten.

Wichtig ist zu wissen, daß die Ornithose auf Menschen übergreifen kann. Auch beim Menschen ist das Erscheinungsbild der Erkrankung oft sehr unterschiedlich. Leichtere Fälle werden wahrscheinlich nur selten erkannt, da der Betroffene glaubt, es handele sich um eine Erkältung oder eine Grippeerkrankung. So konnten bei systematisch durchgeführten Blutuntersuchungen bei berufsmäßigen Tierpflegern sowie Geflügel- und Taubenzüchtern in vielen der Proben Antikörper als Beweis für eine überstandene Ornithoseinfektion nachgewiesen werden, ohne daß sich diese Personen daran erinnern konnten, ernstlich erkrankt gewesen zu sein. Das darf jedoch nicht dazu verleiten, Ornithoseinfektionen beim Menschen zu verharmlosen. Schwere Erkrankungen mit hohem Fieber und schwerem Befall der Atmungsorgane können vorkommen.

Deshalb sollte jeder Papageienhalter, ja jeder Vogelhalter, der wegen einer Erkrankung der Atmungsorgane einen Arzt aufsucht, ihn darauf aufmerksam machen, daß er in ständigem Kontakt zu Vögeln lebt.

Es ist auch bei der Behandlung von an Ornithose erkrankten Menschen wichtig, daß die richtigen Antibiotika eingesetzt werden, also solche Präparate, die gegen den Erreger wirksam sind.

Da die Papageienkrankheit keinesfalls auf Papageien und Sittiche beschränkt ist, stellen Wildvögel eine mögliche Infektionsquelle dar.

Bakterielle Infektionen

Von den durch Bakterien verursachten Infektionen können für Papageien Infektionen durch Salmonellen, Kolibakterien und *Pasteurella*-Bakterien Bedeutung haben.

Salmonellen-Infektionen, die auch als Paratyphus bezeichnet werden, gehören ohne Zweifel zu den häufigsten bei Vögeln vorkommenden Infektionskrankheiten. Mehrere hundert verschiedene Typen der Erreger sind bekannt, doch sind durchaus nicht alle für Vögel pathogen (krankheitsauslösend). Auch erwachsene, vollständig gesund erscheinende Vögel können Träger von Salmonellen sein. Bei diesen kann die Krankheit zum Ausbruch kommen, wenn die natürliche Widerstandskraft des Vogels, etwa durch Streß, herabgesetzt ist. Bei der Haltung in Freilandvolieren können Salmonellen auch durch Wildvögel übertragen werden, wenn ihr Kot in die Voliere gelangen kann. Als weitere Zwischenwirte kommen Mäuse und Ratten in Betracht, besonders wenn sie das Futter mit ihrem Kot verunreinigen können.

Salmonellen können ebenfalls durch Wildvögel übertragen werden.

Vögel, die aus irgendeinem Grund geschwächt sind, sterben im Falle einer Salmonelleninfektion meist schnell an einer allgemeinen Blutvergiftung. Doch kann die Krankheit auch in einer mehr chronischen Form auftreten, die durch geschwollene Bein- und Flügelgelenke gekennzeichnet ist. Eine sichere Diagnose kann nur durch eine bakterielle Kotuntersuchung gestellt werden. Die Behandlung erfolgt nach Verschreibung durch den Tierarzt mit Antibiotika.

Infektionen mit Kolibakterien werden oft durch Streß begünstigt.

Koliinfektionen werden durch Kolibakterien (*Escherichia coli*) verursacht. Diese Bakterien sind normalerweise bei fast allen Vögeln und Säugetieren vorkommende Darmbakterien. Unter bestimmten Bedingungen kann es zu einer Massenvermehrung der *Escherichia*-Bakterien und als Folge davon zu Krankheitsausbrüchen, wie Durchfällen, kommen. Da aber Kolibakterien auch in von Mäusen, Ratten und Fliegen verunreinigtem Futter gedeihen, sind auch Infektionen durch ihre konzentrierte Aufnahme mit dem Futter möglich.

Streß ist ohne Zweifel oft eine zum Krankheitsausbruch beitragende Ursache, besonders während oder direkt nach Transporten. Akute Infektionen äußern sich in Apathie, schlechtem Appetit und Durchfällen, bei denen der abgegebene Kot von geleeartiger Beschaffenheit ist. Die Behandlung erfolgt mit Antibiotika. Auch Sulfonamide sind hochwirksam gegen akute, durch Kolibakterien verursachte Erkrankungen.

Pilzinfektionen (Mykosen)

Pilzinfektionen sind häufig ein Zeichen schlechter Hygiene.

Infektionen durch krankheitserregende Pilze werden in noch höherem Maß als andere Infektionen durch schlechte Haltungs- und Futterhygiene gefördert. Streß, Parasitenbefall und Vitaminmangel begünstigen nicht selten Pilzinfektionen. Pilzsporen verbreiten sich bei ihnen zusagenden Bedingungen sehr schnell, und es läßt sich kaum vermeiden, daß Vögel mit ihnen in Kontakt kommen. Andererseits erkranken erwachsene und gesunde Tiere, die unter guten hygienischen Bedingungen gehalten werden, nur selten an Pilzinfektionen.

Die ***Candida*-Infektion,** auch als Candidiasis oder Soorkrankheit bezeichnet, ist eine Infektion der Schleimhäute der Mundhöhle, der Speiseröhre und mitunter auch des Kropfes durch den Hefepilz *Candida albicans.* Als Ursache kommt in erster Linie eine Infizierung durch mit Hefepilzen verseuchte Futtermittel in Frage. Bei Papageien ist diese Krankheit meist eine typische Schwächeinfektion, die aus anderen Gründen geschwächte Tiere und Jungvögel befällt. Bei erkrankten Vögeln kommt es zur Bildung deutlich sichtbarer, schleimiger grauer Beläge in der Mundhöhle. Durch den Auswurf dieses Schleimes werden bei längerem Befall häufig die Federchen um den Schnabel herum verschmutzt.

Erkrankte Vögel fressen wenig und zeigen häufig auch Atembeschwerden. Solange die Infektion auf die Mundhöhle begrenzt ist, sind Pinselungen mit einem Nystatin- oder Ketoconazol-Präparat oft erfolgreich. Als direkt pilztötendes Präparat hat sich in schweren Fällen Mycostatin (Squibb) bewährt, ein direkt gegen *Candida albicans* entwickeltes Präparat. Eine Behandlung sollte in jedem Falle nur nach tierärztlicher Verschreibung durchgeführt werden.

Hautinfektionen durch *Achorion*- und *Trichophyton*-Pilze kommen mitunter in größeren Zuchtbetrieben vor, besonders bei Unzertrennlichen und Nymphensittichen. Diese sehr ansteckenden Pilzinfektionen beginnen in der Regel an der Kopfhaut und in der Umgebung des Schnabels. Es kommt zur Bildung anfänglich weißer Beläge, die nach einigen Tagen eine mehr graue Färbung annehmen. Erfolgt keine Behandlung, so fallen an den befallenen Hautpartien die Federn aus und die Oberflächenstruktur der Beläge wird grobschuppenartig.

Zu beachten ist, daß die Symptome dieser Pilzinfektion leicht mit denen der Papageienkrätze (fälschlich oft Schnabelschwamm genannt) verwechselt werden können. Eine Behandlung sollte deshalb erst nach Untersuchung einer Probe der Beläge durch ein tierärztliches Institut eingeleitet werden. Von den gegen Pilzinfektionen wirksamen Medikamenten hat sich Mycotectan (Lazopharma) bei der Behandlung bewährt.

Aspergillose ist eine der tückischsten Infektionen, die Papageien befallen können. Diese Pilzinfektion wird durch Schimmelpilze der Gattung *Aspergillus* verursacht, die bei günstigen Voraussetzungen, also hoher Luftfeuchtigkeit und -temperatur, auf vielen Unterlagen wie fauligen Pflanzenresten und ähnlichem bestens gedeihen. Die Infektion erfolgt durch von den Vögeln eingeatmete Pilzsporen, die sich in den Atmungsorganen und Luftwegen festsetzen können. Schwere Infektionen sind durch Pilzbefälle von Lunge und Luftsäcken gekennzeichnet.

Es ist jedoch selten, daß gesunde und ausgewachsene Papageien infiziert werden. Umstände, die eine Infektion begünstigen, sind Streß und längere Transporte. Am häufigsten sind Infektionen bei importierten Papageien kurz nach ihrer Ankunft. Ein erkrankter Vogel hat Atmungsschwierigkeiten, die bei schweren Fällen durch rhythmisches Öffnen und Schließen des Schnabels gekennzeichnet sind. Die Diagnose kann schwierig sein. Ein Verdacht auf Aspergillose liegt immer vor, wenn bei Infektionen der Luftwege und Atmungsorgane sich Antibiotika als unwirksam erweisen.

In früheren Jahren stand man der Aspergillose hilflos gegenüber. Nur wenige Vögel überlebten die Krankheit durch einen spontanen Heilungsprozeß. Die meisten befallenen Vögel erstickten, wenn man sie nicht vorher tötete, um ihnen weitere Qualen zu ersparen. Heute können infizierte Vögel mit Imidazolderivaten erfolgreich behandelt werden. Da aber die Verabreichung der Medikamente über einen längeren Zeitraum in genau kontrollierten Mengen erfolgen muß, ist oft eine stationäre Behandlung an einer Tierklinik notwendig.

Weitere Infektionskrankheiten

Kokzidiose. Kokzidien kommen in großer Artenzahl bei fast allen Vögeln vor. Untersuchungen haben gezeigt, daß wildlebende Vögel fast nie vollständig frei von ihnen sind. Kokzidien gehören zu den Sporentierchen (Sporozoa) und machen in ihrer Entwicklung eine komplizierte Kette von geschlechtslosen und geschlechtlichen Phasen durch. Unter bestimmten Bedingungen kann es zu einer Massenvermehrung kommen und als Folge dieser zu akuten Infektionsfällen. Bei Käfighaltung lösen Kokzidien bei guten hygienischen Bedingungen kaum krankhafte Erscheinungen aus. Bei Volierenhaltung dagegen können sie zu einem Problem werden, besonders wenn Volieren zu dicht besetzt werden.

Die bei einer akuten Infektion auftretenden Symptome sind wenig typisch. Erkrankte Vögel wirken matt, fressen wenig und sitzen mit gesträubtem Gefieder herum. Ihr Kot ist schleimig und mitunter auch blutig. Eine sichere Diagnose kann vom Tierarzt mit Hilfe einer einfachen mikroskopischen Untersuchung leicht gestellt werden. Sulfonamide (beispielsweise Eleudron/Bayer) und Kombinationspräparate (zum Beispiel Codrinal/Hoechst) sind gegenüber Kokzidien effektiv. Behandelt wird nach tierärztlicher Verschreibung in der Regel mit über das Trinkwasser verabreichten Medikamenten. Wichtig ist, daß die vorgeschriebene Behandlungsdauer oder die Behandlungsintervalle genau eingehalten werden.

Eine totale Desinfizierung verseuchter Volierenböden ist kaum möglich, da Kokzidien gegen fast alle Desinfektionsmittel sehr widerstandsfähig sind. Da sie aber als allgemein vorkommend nicht auszurotten sind, ist eine Erneuerung der obersten Bodenschicht in Volieren eine gute vorbeugende Maßnahme.

Trichomoniasis ist eine unter Tauben weitverbreitete Krankheit, deren Erreger das Geißeltierchen *Trichomonas columbae* ist. Bei erwachsenen Papageien sind kaum akute Erkrankungen durch diesen Erreger bekannt. Da sie aber sehr wohl Träger des Erregers sein können, besteht die Gefahr, daß aus ihrem Kropf gefütterte Jungvögel infiziert werden. Jungvögel können akut erkranken, und manche unerklärlichen Todesfälle dürften auf das Konto von

Kokzidien können nur anhand einer mikroskopischen Untersuchung des Kotes sicher festgestellt werden.

Trichomonas-Infektionen gehen. Eine akute Erkrankung äußert sich in einer Entzündung der Schleimhäute von Mundhöhle und Speiseröhre, die in schweren Fällen auch auf den Kropf übergreifen kann. Auf den Schleimhäuten festsitzende Beläge können die Atemspalte so verengen, daß die Atmung behindert wird. Eine sichere Diagnose kann durch eine einfache mikroskopische Untersuchung beim Tierarzt gestellt werden.

Früher war eine Behandlung nur durch das Entfernen der Beläge und Pinselungen mit Desinfektionsmitteln möglich. Heute erfolgt die Behandlung mit Cardiazolpräparaten, beispielsweise mit Spatrix (Janssen), das in Form von Standardtabletten für Tauben zur Verfügung steht.

Parasiten

Wurmkuren sind nur dann sinnvoll, wenn der Befall und die Art der Würmer durch Kotuntersuchungen nachgewiesen worden sind.

Wurmbefall kommt auch bei Papageien vor. Wurmkuren sollten bei diesen Vögeln auch in größeren Beständen nur dann durchgeführt werden, wenn der Befall und die Art der Würmer durch eine Kotuntersuchung erwiesen sind.

Bandwürmer (Cestodes) sind bei Papageien sehr selten, doch werden sie mitunter bei importierten Tieren festgestellt. Eine Gefahr, daß diese Bandwürmer sich in europäischen Vogelbeständen verbreiten, besteht nicht, da ihre Vermehrung von Zwischenwirten abhängig ist, die hier nicht vorkommen. Da aber Bandwürmer den Organismus des befallenen Vogels schwächen, sollten auch einzelne durch entsprechende Wurmmittel abgetötet werden. Die Behandlung erfolgt mit Piperazinpräparaten oder mit Mansonil (Bayer) nach Verschreibung des Tierarztes.

Haarwürmer (*Capillaria*) sind Parasiten, die mit ihrem Vorderteil in die Darmwand eindringen. Erfolgt keine Behandlung, kann der Massenbefall mit Haarwürmern tödlich enden. Mehrere Arten von Haarwürmern konnten bei Papageien nachgewiesen werden, von denen sich manche über Zwischenwirte, andere direkt vermehren. Bei Volierenhaltung kann gute Bodenhygiene einer Ausbreitung von Haarwürmern vorbeugen. Die Behandlung von Haarwurmbefall erfolgt mit Tetramisolpräparaten oder mit dem für Tauben entwickelten Spezialpräparat Spartacone (Janssen).

Spulwürmer (*Ascaridia*) sind als Parasiten streng wirtsspezifisch. Papageien haben also ihre »eigenen« Spulwürmer; die anderer Vögel können nicht auf sie übertragen werden. Massenbefall mit Spulwürmern ist sehr gefährlich; im Extremfall kann es zu vollständigen Darmverschlüssen mit tödlichem Ausgang kommen. Wurmkuren gegen Spulwurmbefall können sowohl mit den bereits erwähnten Tetramisol- oder mit Piperazinpräparten durchgeführt werden, von denen eine Anzahl zur Verfügung steht (zum Beispiel Ascaritaen, Vermifax, Uvilon).

Wichtig ist, daß bei einer Behandlung von Spulwürmern die Wurmkur nach etwa sechs Wochen wiederholt werden muß. Die Larven leben nicht im Darm und können erst durch die zweite Kur nach ihrer Umwandlung zu Würmern vernichtet werden.

Ektoparasiten sind bei der Papageienhaltung selten ein Problem, da Papageien nur sehr selten von den bei anderen Vögeln häufigen Vogelmilben, Vogelläusen (*Dermanysas*) und Federläusen (Mallophagen) angegriffen werden. Sollte es trotzdem einmal notwendig sein, derartige Parasiten zu bekämpfen, sollte die Behandlung ausschließlich mit einem Pyrethrumpräparat in Pulverform vorgenommen werden. Diese aus Chrysanthemen hergestellten Insektizide sind effektiv und für warmblütige Tiere einigermaßen ungefährlich. Der befallene Vogel wird vorsichtig eingepudert, wobei Augen, Schnabelhöhle und Nasenlöcher sorgfältig geschützt werden müssen. Wichtig ist, daß außerdem gleichzeitig der Käfig oder die Voliere desinfiziert werden.

Zu beachten ist, daß alle Pyrethrumpräparate sehr lagerungsempfindlich sind und unter Lichteinfluß schnell ihre Wirkung verlieren.

Papageienkrätze, fälschlich auch als Schnabelschwamm bezeichnet, hat nichts mit Schwamm zu tun, sondern wird durch die mikroskopische Krätzemilbe *Cnemidocoptes pilae* verursacht. Die Milben bohren sich in der Umgebung der Schnabelwurzel in die Haut und das an der Wurzel etwas weichere Horn ein und verursachen Hornveränderungen und Entzündungen. Unbehandelt können sie nach und nach größere Hautpartien angreifen. Entdeckt man den Milbenbefall rechtzeitig, ist die Behandlung einfach. Bei kleineren Sittichen genügt es meistens, die angegriffenen Haut- und Hornteile mit Vaseline oder Paraffinöl einzureiben, so daß die Luftzufuhr unterbunden wird und die Milben ersticken.

Bei größeren Vögeln sind aufgrund der wesentlich größeren Hornsubstanz andere Mittel notwendig. Bei ihnen kann die Behandlung mit Neguvon in 0,5prozentiger Lösung erfolgen. Auch wasserlösliche Jodpräparate, wie sie zur Wunddesinfizierung verwendet werden, zeigen eine gute Wirkung. Die Behandlung mit diesen Präparaten muß jedoch mit vier- bis fünfmal höherer Konzentration als bei der Wunddesinfizierung vorgenommen und mehrere Male wiederholt werden.

Papageienkrätze oder »Schnabelschwamm« wird von Milben verursacht.

Organische Krankheiten

Kropfverstopfung oder Kropfentzündung äußern sich durch einen ständig geschwollenen Kropf. Die häufigste Ursache von Kropfverstopfungen sind verdorbene Futterstoffe, besonders von Schimmelpilzen verunreinigte Sämereien.

Zur Behandlung setzt man die erkrankten Vögel in einen reinen Käfig ohne Sand auf dem Boden. Dem Trinkwasser gibt man 10% Zitronensaft zu. Nachdem die Vögel einen Tag lang gehungert haben – die allerkleinsten, wie Wellensittiche und Sperlingspapageien, jedoch nicht länger als acht bis zehn Stunden – füttert man mit gekochtem Reis oder gekochter Hirse. Auf eine Fütterung mit dem sonst gereichten Futter wird erst wieder übergegangen, wenn die Kropfverstopfungen abgeklungen sind. Das vor Krankheitsausbruch verwendete Futter sollte genau kontrolliert werden.

Größere Papageien, die an chronischer Kropfverstopfung leiden, können von spezialisierten Tierärzten auch operativ behandelt werden. Im Zusammenhang mit einer Operation werden, als ergänzende Behandlung, Antibiotika und Kortison eingesetzt.

Entzündungen von Nasenhöhle und Augenlidern haben meist eine plötzliche Abkühlung mit einer daran anschließenden Infektion durch Bakterien als Ursache. Betroffene Vögel werden warm gehalten, verklebte Nasenöffnungen mit einer einprozentigen Kochsalzlösung ausgewaschen. Entzündungen an den Augenrändern behandelt man mit Aureomycin- oder Terramycin-Augensalbe.

Lungen- und Luftsackentzündungen, die bakterielle Ursachen haben, werden nach Anordnung des Tierarztes mit Antibiotika behandelt. Bei Vögeln, die nur wenig oder gar nicht mehr fressen, können Antibiotika auch intramuskulär und bei den kleinsten Arten auch subkutan (unter die Haut) gespritzt werden.

Gicht ist eine bei älteren Papageien nicht ganz ungewöhnliche Krankheit. Die indirekte Ursache ist eine Überbelastung der Nieren. Betroffen sind einseitig ernährte Vögel, die wenig Bewegungsmöglichkeiten haben. Ausgelöst werden Gichterscheinungen dadurch, daß die Nieren nicht mehr vollständig den Überschuß an Harnsäure aus dem Blut entfernen und daß sie sich in kristalliner Form im Organismus ablagert. Häufig sind von diesen Ablagerungen Gelenke und Sehnenscheiden betroffen, wo es im weiteren Krankheitsverlauf zu offenen Wunden kommen kann. Bei der Obduktion veren-

Der Gicht kann nur durch ausgewogene Ernährung vorgebeugt werden.

deter Vögel werden häufig auch Ablagerungen von Harnsäure in inneren Organen, wie Harnleiter, Nieren und Herz gefunden. An Gicht leidende Vögel haben oft geschwollene Zehen und Füße; häufig bereitet ihnen das Sitzen Schwierigkeiten. Gichterkrankungen kann nur durch eine ausgewogene Ernährung vorgebeugt werden; eine Behandlungsmethode gegen akute Gichterscheinungen gibt es nicht.

Zu kühle Haltung der Tiere kann Legenot begünstigen.

Legenot, das heißt das Unvermögen, das fertig entwickelte Ei legen zu können, kommt bei Papageien nur selten vor. Bei gesunden Vögeln kann Legenot jedoch durch Abkühlung verursacht werden, was bei der Zucht von temperaturempfindlichen Arten, wie etwa Loris, in Freilandvolieren beachtet werden sollte.

Wiederholte, längere, resultatlose Besuche im Nistkasten, später auch gesträubte Federn am unteren Teil des Rückens, Teilnahmslosigkeit und Futterverweigerung können Anzeichen für Legenot sein. Um das Legen zu erleichtern, tropft man einige Tropfen Paraffinöl in die Kloakenöffnung und hält den Vogel anschließend warm. Steht kein heizbarer Krankenkäfig zur Verfügung, setzt man das Tier in einen mit einer weichen Bodeneinlage versehenen Karton und stellt ihn auf ein Heizkissen. Wichtig ist, daß die Wärme von unten kommt. In den meisten Fällen führt eine solche Wärmebehandlung bald zum gewünschten Resultat. Im schlimmsten Fall kann ein im Eileiter festsitzendes Ei vom Tierarzt operativ entfernt werden.

Eileitervorfall kann in Verbindung mit Legenot bei ungewöhnlich großen Eiern vorkommen. Er zeigt sich in Form einer Beule an der Kloake. Da beim Eileitervorfall das Risiko einer Infektion groß ist, sollte er so schnell wie möglich vom Tierarzt behandelt werden. Bei der Behandlung wird der Vorfall zunächst mit einer betäubenden Salbe (beispielsweise Xylocain/Astra) eingeschmiert. Der Eileiter wird danach so weit zurückgeschoben, daß das festsitzende Ei entfernt werden kann. Danach wird der Vorfall mit einem eingeölten, am Ende abgerundeten Glasstäbchen in die Kloake geschoben. Um einen erneuten Vorfall zu verhindern, wird die Kloake mit einer betäubenden Salbe bestrichen. Diese Behandlung wird durch anschließend verabreichte Antibiotika zur Vorbeugung einer Infektion ergänzt.

Geschwülste sind bei manchen Arten, wie etwa Wellensittichen, bei älteren Vögeln nicht selten. Seltener kommen gutartige, aber auch bösartige (krebsartige) Geschwülste bei größeren Arten vor. Geschwülste in oder direkt unter der Haut können vom Tierarzt oft durch einen kleinen operativen Eingriff entfernt werden. In jedem Fall sollte man, wenn Knoten oder Geschwülste entdeckt werden, einen Tierarzt zu Rate ziehen.

Entzündungen der Augen und Tränendrüsen. Was als Augenentzündung bezeichnet wird, ist meist eine Entzündung der Augenbindehaut. Bei betroffenen Vögeln ist die Augenumgebung gerötet und häufig auch geschwollen. Die Augen sind meist teilweise geschlossen und die Augenlider durch Rückstände getrockneten Augensekretes verklebt. Betroffene Vögel versuchen häufig, die Augenumgebung an Sitzstangen und anderen Gegenständen zu reiben.

Die Entzündungen haben meist bakterielle Infektionen zur Ursache, doch kommen auch mitunter Sekundärinfektionen im Zusammenhang mit – oder nach – Ornithoseinfektionen vor. Mangel an Vitamin A kann Infektionen begünstigen. Eine Entzündung der Tränendrüsen als direkte Folge einer Entzündung der Augenbindehaut ist bei größeren Arten nicht ganz selten. Die Behandlung erfolgt lokal mit einer Antibiotika-Augensalbe nach Verordnung des Tierarztes. Mitunter bleiben nach abgeschlossener Behandlung knotenartige, bis erbsengroße Entzündungsrückstände über dem Auge zurück, die durch einen kleinen Eingriff vom Tierarzt entfernt werden können.

Gehirnerschütterung hat bei Papageien fast immer die gleiche Ursache: Der Vogel ist hart gegen eine Fensterscheibe geprallt.

Gesträubte Kopffedern, geschlossene Augen, ohne daß der Kopf angelehnt oder unter die Flügel gesteckt wird, und mitunter auch Gleichgewichtsstörungen können Anzeichen einer Gehirnerschütterung sein. Der betroffene Vogel ist dunkel an einen ungestörten Platz zu setzen und erholt sich meist sehr schnell.

Epilepsie kann bei älteren Exemplaren größerer Arten vorkommen. Epileptische Anfälle äußern sich in Krämpfen, planlosem Schlagen mit den Flügeln und mitunter auch durch Fälle auf den Boden. Typisch ist, daß sich diese Anfälle innerhalb längerer oder kürzerer Zeitabstände wiederholen und daß der Vogel zwischen den Anfällen vollständig normal wirkt. Die Ursache epileptischer Anfälle sind Nervenschäden, nicht selten als Folge von Infektionen. Da aber auch Vergiftungen und Avitaminosen ähnliche Anfälle auslösen können, sollte man immer einen Tierarzt zu Rate ziehen.

Vitaminmangelkrankheiten (Avitaminosen)

Bei richtig gefütterten Papageien ist die Gefahr von Vitaminmangelerscheinungen gering. Da aber Vitaminmangel immer gefährlich ist, sollte jeder Papageienhalter die wichtigsten Symptome der verschiedenen Avitaminosen kennen. Wichtig ist auch zu wissen, daß der totale Mangel eines bestimmten Vitamines über kurz oder lang zum Tode führt und daß auch ein teilweiser Mangel andere Erkrankungen begünstigen und Heilungsprozesse verzögern kann. Andererseits sind Vitaminmangelkrankheiten sehr leicht zu behandeln, wenn sie erst einmal als solche erkennt worden sind.

Die wichtigsten Symptome von Vitaminmangelkrankheiten:

Vitamin-A-Mangel. Tränende Augen, angegriffene Schleimhäute, Sehstörungen, in schweren Fällen mit weißlichen Belägen der Augenhornhaut, sind typische Symptome von Vitamin-A-Mangel. Außerdem kann schlechtes Wachstum von Jungvögeln, schlechte Heilung von Wunden und Unfruchtbarkeit die gleiche Ursache haben.

Vitamin-B-Mangel wirkt sich in erster Linie auf das Nervensystem aus. Unkoordinierte Bewegungen, eingeschränktes Flugvermögen und Krämpfe sind typische Symptome. Ein totaler Mangel an Vitamin B_1 (Thiamin) ist wahrscheinlich die am schnellsten zum Tode führende Avitaminose. Typisch bei Vögeln ist als Symptom ein Nackenkrampf, bei dem der Kopf ruckartig nach hinten bewegt wird. Fälle dieser Mangelerscheinung sind bei Vögeln bekannt, die einseitig mit Sämereien mit hohem Anteil an Kohlehydraten gefüttert worden sind, in denen durch eine zu lange Lagerung das normalerweise in den Samenkörnern vorhandene Thiamin zerstört worden ist.

Vitamin-B-Mangel kann durch einseitige Fütterung mit zu lange gelagerten Sämereien hevorgerufen werden.

Auch Vögel mit schweren Störungen des Zentralen Nervensystems können gerettet werden, wenn ihnen ein entsprechendes Vitamin-B-Präparat entweder gespritzt oder mit einer Pipette eingegeben wird. Typisch nach erfolgter Behandlung ist, daß die betroffenen Vögel sich sehr schnell erholen und schon nach einigen Stunden keinerlei Krankheitssymptome mehr zeigen. Die Vitamine des gesamten Vitamin-B-Komplexes wirken in vieler Hinsicht auf die Funktionen des Gesamtorganismus ein und werden in Form von Präparaten auch oft zur Unterstützung von Heilungsprozessen und als appetitanregende Mittel eingesetzt.

Vitamin-C-Mangel zeigt sich in besonderer Empfindlichkeit der Schleimhäute; Infektionen in diesem Bereich liegt nicht selten ein Mangel an Vitamin C zugrunde. Akute Mangelerscheinungen sind bei Papageien selten, können jedoch bei Vögeln vorkommen, die hartnäckig die Aufnahme von Grünfutter und Obst verweigern.

Vitamin-D-Mangel kann bei Jungvögeln zu Störungen in der Skelettbildung führen, wie anormal geformten Beinen und Flügeln. Für eine normale Skelettbildung ist wichtig, daß Vitamin D im richtigen Mengenverhältnis zu Kalzium und Phosphor steht.

Vitamin-E-Mangel hat eine negative Einwirkung auf die Fertilität. Neben seiner schon lange bekannten Aufgabe als sogenanntes Fruchtbarkeitsvitamin ist Vitamin E für die Muskelbildung heranwachsender Jungvögel wichtig.

Vitamin-K-Mangel hat eine Verminderung des Blutgerinnungsvermögens zur Folge. Bei Vitamin-K-Mangel können auch unbedeutende Verletzungen schwer zu stillende Blutungen auslösen. Vögel, die regelmäßig Frischnahrung aufnehmen, sind kaum gefährdet. Auch Sämereien mit hohem Fettgehalt, wie etwa Hanfsamen, sind gute Vitamin-K-Träger.

Allgemein gilt für die Vitaminversorgung, daß in einem richtig zusammengestellten Futter fast immer die notwendigen Vitaminmengen für erwachsene Vögel vorhanden sind. Die wasserlöslichen Vitamine, also Vitamin C und die Vitamine des B-Komplexes, können leicht durch falsche oder zu lange Lagerung der Futterstoffe zerstört werden.

Als regelmäßige Futterbeigaben sind in erster Linie natürliche Vitaminträger einzusetzen. Gute, natürliche Vitaminträger für die Vitamine A und D sind Lebertran, für Vitamin A auch Mohrrüben, da sie das Provitamin Karotin enthalten. Als ein ausgezeichneter Vitamin-B-Träger steht Trockenhefe zur Verfügung. Weizenkeime und Keimfutter sind gute Vitamin-E-Träger.

Bei der Verabreichung von Vitaminpräparaten ist zu beachten, daß die wasserlöslichen Vitamine C und des B-Komplexes kaum überdosiert werden können, da ein eventueller Überschuß vom Organismus problemlos ausgeschieden wird. Präparate der fettlöslichen Vitamine A, D und E sowie alle Kombinationspräparate, die diese Vitamine enthalten, sollten dagegen immer nach Vorschrift dosiert verabreicht werden. Ein Überschuß an fettlöslichen Vitaminen kann für den Organismus negative Folgen haben und sich (bei Vitamin D) im Extremfall tödlich auswirken. Alle Vitaminpräparate sollten im Kühlschrank aufbewahrt werden.

Wunden und Knochenbrüche

Kleinere Wunden in Haut und Muskulatur heilen bei Papageien schnell. Größere Wunden behandelt man nach dem Auswaschen mit einer Desinfektionslösung (beispielsweise dreiprozentiges Wasserstoffperoxid) und einem Antibiotikapuder. Für Behandlung tieferer oder verschmutzter Wunden ist Nelex (Byk-Gulden) ein ausgezeichnetes Präparat. Das »Nähen« größerer Wunden ist bei Papageien immer problematisch, da sie meist schon kurz danach selbst wieder die »Fäden ziehen«. Ist die Art der Wunde so, daß sie genäht werden muß, ist es notwendig, den Vogel mit einem Halskragen zu versehen, der ihn daran hindert.

Auch das Schienen von Knochenbrüchen an Flügeln oder Beinen ist nicht einfach, besonders bei größeren Arten. Nur Tierärzte, die häufig Papageien behandeln, haben eventuell geeignetes Material zum Schienen von Knochenbrüchen oder für Stützverbände zur Verfügung, das Papageienschnäbeln stand-

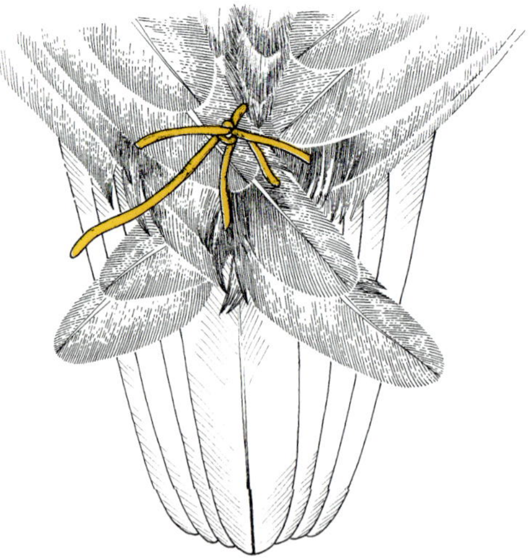

Um einen gebrochenen Flügel ruhigzustellen, werden die Flügelspitzen auf dem Rücken zusammengebunden.

Gartengewächse: Goldregen (*Laburnum anagyroides*, Akaziengewächse (*Robinia*), Eibe (*Taxus baccata*), Pfaffenhut (*Euonymus europaea*), Waldrebe (*Clematis*), Liguster (*Ligustrum vulgare*), alle *Helleborus*-Arten.

Wildpflanzen: Bilsenkraut (*Hyoscyamus niger*), Tollkirsche (*Atropa bella-donna*), Stechapfel (*Datura stramonium*), Hundspetersilie (*Aethusa cynapium*), Kornrade (*Agrostemma githago*), Christophskraut (*Actaea*), Bittersüß (*Solanum dulcamara*), Nachtschatten (*Solanum nigrum*) und alle *Aconitum*-Arten.

Zimmerpflanzen: Wachsblume (*Hoya carnosa*), Oleander (*Nerium oleander*), Brechnußbaum (*Strychnos nux-vomica*), Immergrün (*Vinca minor*) und alle *Dieffenbachia*-Arten.

Für Vögel giftige Gewächse (nach Plazikowski).

hält. Oft ist auch hier ein Halskragen notwendig. Zum Glück heilen richtig behandelte Knochenbrüche bei nicht allzu alten Papageien ziemlich schnell.

Bei kleineren Arten können einfache Brüche von Flügelknochen, die nicht allzu nahe an einem Gelenk liegen, auf eine einfache Weise fixiert werden. Zu diesem Zwecke bindet man die Spitzen der Schwungfedern gekreuzt, in normaler Lage über dem Unterrücken, fest mit einem dünnen Metalldraht zusammen. Flugversuche und Rucke an der Bruchstelle werden so verhindert und gleichzeitig die Flügel in Normallage fixiert. Bei jüngeren Vögeln ist der Bruch nach 10 bis 14 Tagen verheilt; bei älteren sollte man mindestens drei Wochen warten, bis man die Bindung löst.

Vergiftungen

Um Vergiftungen durch zerstäubte Insektengifte oder durch verdunstete Lösungsmittel bei Reinigungs- oder Anstreicherarbeiten sicher auszuschließen, sollten nicht nur Papageien, sondern auch alle anderen Haustiere aus Räumlichkeiten entfernt werden, in denen derartige Arbeiten ausgeführt werden.

Eine nicht ganz ungewöhnliche Ursache von Vergiftungen bei Papageien ist der Verzehr giftiger Garten- oder Zimmerpflanzen. In der folgenden Aufstellung sind die giftigsten der in Frage kommenden Pflanzen genannt. Die Aufstellung ist jedoch keineswegs vollständig, und man sollte grundsätzlich seine Vögel von allen Pflanzen fernhalten, von denen man nicht mit Sicherheit weiß, daß sie ungiftig sind.

Die Verabreichung von Medikamenten

Dic zur Verfügung stehenden Medikamente sind in der Regel für eine Anwendung beim Menschen oder bei größeren Haustieren vorgesehen als es Papageien sind. Die Dosierung eines Medikamentes erfolgt meistens nach dem Volumen oder dem Gewicht des Tieres. Daher muß bei der Anwendung vieler Medikamente entsprechend umgerechnet, verteilt, verdünnt oder gewogen werden. Verdünnte Lösungen sind oft nicht haltbar und müssen täglich neu zubereitet werden.

Viele Antibiotika-Präparate sind nur in für Menschen vorgesehenen Standarddosen in Form von Tabletten oder Dragees erhältlich. Tabletten kann man zu Pulver zerdrücken, Dragees mit einer Rasierklinge aufschneiden und das in der Hülle liegende Pulver herausdrücken. Um nur ein Beispiel zu nennen: Man kann ohne größere Schwierigkeiten den Inhalt eines Standarddragees von 0,25 g Aureomycin in fünf Teile von je 0,05 g aufteilen.

Alle pulverisierten Medikamente müssen auf einer Analysenwaage oder in der

Tabelle über das »Normalgewicht« einiger größerer Papageien zur Erleichterung der Dosierung von Medikamenten.

Glanzloris (*Chalcopsitta*), Schwarzloris und ähnliche	240–290 g
Weißbürzelloris (*Pseudeos*)	170–220 g
Kleine Gelbhaubenkakadus (*Cacatua sulphurea*), Rosenkakadus (*Eolophus roseicapillus*) und ähnliche	250–340 g
Große Gelbhaubenkakadus (*Cacatua galerita*)	800–900 g
Molukkenkakadus (*Cacatua moluccensis*)	750–950 g
Weißhaubenkakadus (*Cacatua alba*)	550–700 g
Edelpapageien (*Eclectus roratus*)	350–420 g
Halsbandsittich (*Psittacula krameri*) und vergleichbare Arten	110–140 g
Alexanderpapagei (*Psittacula eupatria*) und vergleichbare Arten	200–250 g
Graupapageien (*Psittacus erithacus*) sehr große Männchen bis	320–500 g 550 g
Mohrenkopfpapageien (*Poicephalus senegalus*)	160–220 g
Grünflügel-Aras (*Ara chloroptera*) sehr große Männchen bis	900–1200 g 1400 g
Hellrote Aras (*Ara macao*), Gelbbrustaras (*Ara ararauna*)	800–1000 g
Gelbnackenaras (*Ara auricollis*) und vergleichbare Arten	220–300 g
Weißbauchpapageien (*Pionites*)	150–190 g
Kleinere *Pionus*-Arten wie Veilchenpapageien (*Pionus fuscus*) und ähnliche	160–210 g
Größere *Pionus*-Arten wie Schwarzohrpapageien (*Pionus chalcopterus*) und vergleichbare Arten	200–250 g
Venezuela-Amazonen (*Amazona amazonica*) und vergleichbare Arten	320–370 g
Blaustirnamazonen (*Amazona aestiva*) je nach Größe	400–550 g
Große Amazonen wie Mülleramazonen (*Amazona farinosa*), Gelbkopfamazonen (*Amazona ochrocephala oratrix*) und ähnliche	650–850 g

Apotheke abgewogen werden. Die Verdünnung von Medikamenten ist einfacher. Verdünnt wird, wenn nicht ausdrücklich anders angegeben, mit Wasser. Injektionen sollten Personen, die keine entsprechende Ausbildung haben, dem Tierarzt überlassen.

Am einfachsten ist die Verabreichung von Medikamenten im Trinkwasser oder Futter. Dabei kann es jedoch schwer sein, die wirklich aufgenommene Menge der wirksamen Substanz festzustellen, zumal erkrankte Vögel oft wenig fressen und manche Sittiche nur wenig trinken.

Häufig müssen erkrankten Vögeln Medikamente direkt eingegeben werden, besonders wenn die Dosierung exakt eingehalten werden muß. Einwegspritzen (ohne Kanüle) und Pipetten können dabei nützlich sein. Ist eine Verabreichung auf andere Weise nicht möglich, können vom Tierarzt Medikamente mittels einer Sonde auch direkt in den Kropf gegeben werden. Dabei muß bei allen größeren Vögeln ein Helfer zur Verfügung stehen, der den Vogel festhält.

Literaturverzeichnis

Bücher

Alderton, D. (1982): Parrots, Lories and Cockatoos. Trilegate, Surry.

Aschenborn, C. (1978): Die Papageien. Philler-Verlag, Minden.

Arndt, Th. (1981): Südamerikanische Sittiche – Keilschwanzsittiche. Horst-Müller-Verlag, Walsrode.

– (1983): Südamerikanische Sittiche – Rotschwanzsittiche. Horst-Müller-Verlag, Walsrode.

– (1986): Südamerikanische Sittiche – Schmalschnabelsittiche, Dickschnabelsittiche und andere. Horst-Müller-Verlag, Walsrode.

Bedford, Duke of (1969): Parrots and Parrots-like Birds. T. F. H. Publications, Neptune-City.

Bielfeld, H. (1987): Unzertrennliche – Agapornis. Horst-Müller-Verlag, Walsrode.

Danthe, H. (1974): Handbuch des Vogelliebhabers, Bd. I. Deutscher Landwirtschaftsverlag, Berlin.

Diefenbach, K. (1982): Kakadus. Horst-Müller-Verlag, Walsrode.

Ebert, U. (1978): Vogelkrankheiten, Zier- und Wildvögel. 2. Auflage, Verlag M. & H. Schaper, Hannover.

Enehjelm, C. af (1979): Papageien. Franckh'sche Verlagshandlung, Stuttgart.

– (1976): Käfige und Volieren. Franckh'sche Verlagshandlung, Stuttgart.

Forshaw, J. M. (1969): Australian Parrots. Landsdowne Press, Melbourne.

– (1973): Parrots of the World. Landsdowne Press, Melbourne.

Grahl, W. de (1976): Papageien unserer Erde, 2 Bd. Eigenverlag, Hamburg.

– (1977): Papageien in Haus und Garten, 2. Auflage. Verlag Eugen Ulmer, Stuttgart.

– (1972): Atlas Papageien und Sittiche der Welt. Horst-Müller-Verlag, Walsrode.

Kolar, K. (1992): Unzertrennliche – Agaporniden. Gräfe und Unzer, München.

Lanterman, W. (1984): Aras. Horst-Müller-Verlag, Walsrode.

Low, R. (1983): Das Papageienbuch. Verlag Eugen Ulmer, Stuttgart.

Pinter, H. (1982): Handbuch der Papageienkunde, 2. Auflage. Franckh'sche Verlagshandlung, Stuttgart.

Raethel, H. S. (1975): Krankheiten der Vögel. Franckh'sche Verlagshandlung, Stuttgart.

Radtke, G. A. (1973): Handbuch für Wellensittich-Freunde. Franckh'sche Verlagshandlung, Stuttgart.

Robiller, F. (1990): Papageien, Bd. 3. Deutscher Landwirtschaftsverlag, Berlin; Verlag Eugen Ulmer, Stuttgart.

– (1997): Papageien, Bd. 2. Verlag Eugen Ulmer, Stuttgart.

–, W. Tschisch (1992): Papageien, Bd. 1. Deutscher Landwirtschaftsverlag, Berlin.

Steinbacher, G. (1957): Knaurs Vogelbuch. T. Knaur Nachf. Verlag, München, Zürich.

Wedde, U., K. Bosch (1981): Amazonen. Horst-Müller-Verlag, Walsrode.

Wolter, A. M. Wegler (1992): Liebenswerte Wellensittiche. Gräfe und Unzer, München.

Zeitschriften

AZ-Nachrichten. Vereinigung für Artenschutz, Vogelhaltung und Vogelzucht e. V.
Geschäftsstelle:
Helmut Uebele,
Postfach 1168,
71501 Backnang

Die gefiederte Welt.
Verlag Eugen Ulmer
Postfach 70 05 61
70574 Stuttgart

Die Voliere.
H. Schaper,
Postfach 205
3220 Alfeld (Leine)

Bildquellen

Thomas Brosset, Göteborg: Seite 17 unten, 18 oben, 19, 20 oben, 21 oben, 22, 25, 26, 27 oben, 28–43, 44 unten, 45 oben, 46, 47, 48 oben und unten, 49–55, 56 unten, 57, 58 oben, 59, 60.

Axel Grambow, Berlin: Seite 58 Mitte.

Helmut Pinter, Enköping: Seite 17 oben, 18 unten, 20 unten, 21 Mitte und unten, 23 oben, 48 Mitte, 56 oben, 58 unten.

Hans Reinhard, Heiligkreuzsteinach-Eiterbach: Seite 23 unten, 24, 27 unten, 44 oben, 45 unten, Titelbild.

Hersteller und Lieferanten

von Käfigen und Volieren:

Amazonia-Volieren, Industriegebiet, 56472 Hahn/b. Bad Marienberg, Telefon (0 26 61) 82 93.
Ebeco-Volieren, E. Becker & Co. GmbH, Herrmannstr. 6, 44579 Castrop-Rauxel, Telefon (0 23 05) 7 20 31.
Gemeinnützige Schottener Werkstätten, Vogelsbergstr. 212, 63679 Schotten, Telefon (0 60 44) 60 09-0, Fax (0 60 44) 43 94.
Joko-Versand, 27211 Bassum, Telefon (0 42 41) 29 15, -36 87, -45 90.
Käfigbau H. Donzbach, Neu-Ervscher Weg 28, 47574 Goch, Telefon (0 28 23) 67 91.

Wagner + Keller
Tel: 07411 94190

Fa. Mosig OHG, Ehrentruper Str. 13, 32758 Detmold, Telefon (0 52 32) 8 82 03, -05.
Paradiso- und Ebeco-Volieren, Postfach 11 18, 67106 Mutterstadt, Telefon/Fax (0 62 34) 63 26.
Fa. Theiling, Maschweg 49, 49324 Melle, Industriegebiet Gerden, Telefon (0 54 22) 36 84.
Tierbehausungsbau J. Kärcher, Postfach 51 47, 71254 Ditzingen, Telefon (0 71 56) 71 77. 0171 702 12 55
Volierenbau Durm, An der Seite 1, 35745 Herborn-Schönbach, Telefon (0 27 77) 12 72.

von Naturstamm-Nesthöhlen:

Joko-Versand, 27211 Bassum (Ort Bramstedt).
Christa Tegethoff, Stennerlandstraße 78, 33397 Rietberg, Telefon (0 52 44) 72 01.

Register

Wenn Ihnen der Sinn nach mehr steht ...

Das 3bändige Werk beschreibt alle Papageienarten mit sämtlichen Unterarten, Verbreitung, Habitus und Lebensweise, ihren Status in der Natur und in Menschenhand. Verbreitungskarten und eine tabellarische Kurzcharakteristik zu jeder Spezies dienen der schnellen Information. Die Bücher helfen ferner, anhand von Gefiedermerkmalen verwandte Arten, Unterarten oder sogar Mischlinge im Zweifelsfall eindeutig zu bestimmen. Damit leistet der Autor einen wesentlichen Beitrag zum Artenschutz. Besonderen Wert legt er auf die Schilderung der gegenwärtigen Situation von Populationen und Beständen sowie des Grades ihrer Gefährdung. Breiten Raum nehmen auch Ausführungen über die vielseitigen nationalen Bemühungen für die Erhaltung gefährdeter Arten ein.

Band 1: Ursachen von Bestandsrückgängen. Arterhaltungsprogramme. Pflege und Fütterung. Zucht. Hygiene, Diagnostik, Therapie. Die Papageien von Australien, Ozeanien und Südostasien.

Band 2 behandelt die noch fehlenden Arten und Unterarten der Papageien von Australien, Ozeanien und Asien, ebenso wie die von Neuseeland und Afrika, unter anderem die sehr populären australischen Sittiche, die Agaporniden in Afrika oder so bekannte Arten wie den Graupapagei.

Band 3 umfaßt die Papageien von Mittel- und Südamerika einschl. der ausgestorbenen Formen.

Franz Robiller. Papageien – Band 1. Hygiene, Krankheiten, Brut und Aufzucht Papageienvögel Australiens, Ozeaniens und Südostasiens. 1991. 477 Seiten, 290 Farbfotos, 154 farbige Karten, 4 farbige Tafeln, 49 Zeichnungen. ISBN 3-8001-7228-3

Franz Robiller. Papageien – Band 2. Neuseeland, Australien, Ozeanien, Südostasien, Afrika. 500 Seiten, 265 Farbfotos, 150 farbige Karten, 20 Strichzeichnungen, 15 farbige Tafeln. ISBN 3-8001-7229-1

Franz Robiller. Papageien – Band 3. Mittel- und Südamerika. 1990. 504 Seiten, 337 Farbfotos, 11 Farbzeichnungen, 137 Farbkarten. ISBN 3-8001-7207-0

Auch diese Bücher sind interessant.

Das Buch bietet aufgrund der Erfahrungen und Beobachtungen der vergangenen zehn Jahre Antworten auf alle noch offenen Fragen zum Freileben, zur Haltung und Zucht dieser eindrucksvollen, aber auch anspruchsvollen Papageiengruppe. Halter und Züchter werden es begrüßen, daß der Autor damit das seit langem vergriffene Werk seines Vaters (dieser veröffentlichte die 1. Auflage im Jahr 1985) auf den letzten Stand des Wissens gebracht hat. Der Zuwachs an Kenntnissen ist enorm. Die vorliegende überarbeitete und beträchtlich erweiterte Neuauflage wird Lorifreunden von größtem Nutzen sein.

Theo Pagel jr. Loris. Biologie, Haltung und Zucht der Pinselzungenpapageien. 2., neubearbeitete und erweiterte Auflage. Etwa 243 Seiten, 90 Farbfotos, 20 sw-Fotos, 10 Zeichnungen, 15 Verbreitungskarten. ISBN 3-8001-7352-2. Das Buch erscheint im III. Quartal 1997.

Die Naturheilkunde mit ihren seit Jahrhunderten erprobten und bewährten Heilmethoden spielt heute nicht nur in der Humanmedizin eine Rolle. Mit diesen ganzheitlichen Heilweisen haben sich auch für die Haltung von Vögeln und bei der Behandlung ihrer Krankheiten neue Wege und Lösungen aufgetan. Dazu werden hier erstmals die Naturheilverfahren der Akupunktur, Akupressur, Homöopathie, Bach-Blüten- und Farbtherapie sowie das Kinesiologische Testverfahren – allein auf Vögel bezogen – eingehend vorgestellt. Die Zielsetzung des Buches ist es, dem Vogelhalter neue Einblicke in die Gesundheitsvorsorge aufzuzeigen und bisher unbekannte Erste-Hilfe-Maßnahmen anzubieten. Den detaillierten Darstellungen der verschiedenen Heilmethoden und allen praktischen Anleitungen liegen langjährige Erfahrungen der Autorinnen insbesondere bei Papageien und Sittichen zugrunde.

Rosina Sonnenschmidt, Marion Wagner. Vögel. Akupunktur, Homöopathie, Bach-Blütentherapie, Kinesiologie. 1996. 158 Seiten, 36 Farbfotos, 53 sw-Abbildungen, 6 Tabellen. (Reihe Neues Heilen). ISBN 3-8001-7332-8